传媒与广告的
文化意象

刘宏 著

目 录

人与时空 / 001

空间的政治性与压缩的现代性 / 003

双重历史中的中国记忆 / 027

埃舍尔说了什么 / 039

《春之祭》：三个男人，与1913年巴黎的一台大戏 / 045

卡拉扬的四副面孔 / 054

白求恩的三面与二十世纪的革命理想 / 065

关于日常书写 / 078

广告景观 / 083

老广告中的时光印迹 / 085

她们曾经迷恋过的那些老橱窗 / 089

电视广告中的女性形象 / 095

为什么需要广告 / 103

内容与媒介：世界遗产空间的广告价值 / 110

历史、文化与自然：试析通州新城文化传播策略 / 117

从物质需求到意识形态：广告传播的影响力结构探析 / 129

影像情绪 / 145

天长地久,或是去年在马里安巴德 / 147

黑夜里来来往往 / 155

1968,一切注定要结束的情缘 / 164

恐惧没有形状 / 174

现代性或青春创伤 / 183

金基德二题:相似性毁灭 / 194

人与时空

空间的政治性与压缩的现代性

——《人民路》城市空间意象解读

从《洪江》①到《人民路》②，独立摄影家欧阳星凯以城市空间和其中人物为主题的摄影创作越来越引人注目。《洪江》中的民俗风物不失纯真，小城生活飘荡着时代变迁的淡淡忧伤；《人民路》中的空间压迫感显而易见，仿佛人们所承受的城市化压力。通过画面内部的视觉要素的显现和影像的延续，使作品充满生活细节，已经成为当下中国底层社会变迁的影像文献。

一个多世纪以来，摄影对现实素材的记录和编排具有社会史档案的作用，这正是摄影的巨大影响来源之一。视觉形象为当时的社会现实和人的境遇留下了痕迹与证据，从而形成了后来种种话语产生的来源和诱因，摄影在描述作者和观者的感知和期待时，成为与真实生活并存的神话。"对神话来说，更为重要的是要确保新的事件的熟悉感和预测性，而不是愉悦性。"③显然，

---

① 欧阳星凯：《洪江》，中国民族摄影艺术出版社，2010年。
② 欧阳星凯：《人民路》，中国民族摄影艺术出版社，2012年9月第一版。
③ ［美］玛丽·沃娜·玛丽亚：《摄影于摄影批评家》，山东画报出版社，2005年第59页。

《人民路》上所展开的那些朴实、琐碎、平淡甚至卑微的生活画面，更多的是一种熟悉感，这种熟悉感来自二十年来增长中的农民工群体不断的社会曝光。作品的说服力在于通过一种类似于民族志的创作方法，探讨了这个群体对象与社会的现实关系。不仅如此，作品还通过农民工的劳动、生活、闲暇所产生的空间关系对观者产生内在感知的触发，从而使得这些视觉经验与人们的内在记忆产生高度的关联性。

生存状态以及人的命运是《人民路》的关注焦点。在法国学者雅克·朗西埃看来，"人和公民、算计其生活的个体和共同体的成员之间的结合点，就是首先作为话语的存在的人：从根本上来说是作为和所有其他人平等的言说的存在"。[①] 同情的言说，既可能表现为展示，同时亦可表现为揭示。借助照相机这样的当代传播手段，人的视觉经验不断展开，其后果是让世界越来越透明，这也构成如何理解现代性的重要来源。

无论是从历史的变迁，还是从现实的变动来看，一个社会的现代性的发生和发展，事实上要经过无数个单元的社会空间的生产与再生产。解读《人民路》的意图，在于透过对一个真实的社会空间的分析，发现日常生活的政治性来自日常生活的空间与过程。列斐伏尔[②]和哈维等人通过理论创新发展了马克思主义的城

---

① ［法］雅克·朗西埃：《政治的边缘》，上海译文出版社，2007年，第43页。

② 亨利·列斐伏尔（Henri Lefebvre, 1901–1991，有的翻译为勒菲弗）法国当代著名马克思主义学者，著有《空间的生产》（1974年第一版）等多种著作，在全球产生深远影响。

市社会学，现实样本提供了空间的政治性例证。在当代中国，城市的巨大变动显然正在产生越来越多的实践文本和社会文本。正是在这个意义上，作者通过与《人民路》的现实影像之间的真实对话，试图重新定义人们所期待、所展望的城市日常生活，以及其中所蕴藏并被忽视的社会关系。

一、空间：结构、功能与权力序列

空间的生产类似于其他商品的生产，空间也有社会关系测量仪的功能："在刻板的马克思主义传统中，社会空间被看作是一种上层建筑，作为社会结构与生产力的一个结果，包括财产关系。现在空间已经进入生产力和劳动分工的领域；它具有了自身的财产关系，非常清楚——具有了交换的形式，具有了制度、文化和学说。空间可以被出售；它具有了交换价值与使用价值。"[①]空间的演变作为一个过程，并不独立于社会经济制度之外，从中同样折射出社会生产力资源，如劳动力、商品以及货币资本的变化和流动。生活和生产的空间格局和空间关系的变动，形成具有某种空间特殊构形的人工环境的"第二自然"，透视出政治经济学基础上的社会权力的空间性特征。"正如福柯可能会提出的，如果空间始终是一种社会权力的容器的话，那么空间的重组就始终是社会权力通过其得以表现的框架的重组。"[②]换而言之，对空

---

① ［法］亨利·列斐伏尔：《空间的生产》新版序言，1986年。见张一兵主编：《社会批评理论纪事》第1辑，中央编译出版社，2006年，第181页。
② ［美］大卫·哈维：《后现代的状况》，商务印书馆，2003年，第318页。

间的体验无一不是对社会关系进行编码—解码的传播过程,以及社会关系生产—再生产的必然后果。

《人民路》的重要主题是农民工在湖南省会长沙市市区的狭窄居住空间。从平面图来看,人民路 790 号是一栋基本对称的房子。楼梯间在房子中心,楼梯拐角处是男女厕所,水龙头和水池,也在楼梯间。64 个房间共享的服务设施不仅数量有限,而且非常简陋。房间非常狭小,从两平方米到六平方米,从一张单人床面积到两张双人床面积,其中居住的人数,也从一个人到一家四人。显然,无论居住的人是什么样的家庭状态,对生活有什么样的看法,逼仄的空间都只能容下最基本的家具:一张床,一个台面。就在这两组平面上,租户们展开几乎所有的生活活动。

《人民路》中的"人民"二字,所触动的不仅仅是作者本人。在相当长的一个历史时期当中,这个名词无疑是公共符号当中最普及的能指。选择"人民路"为画册的名字,仿佛是对过往年代的怀旧,又仿佛是对早已退潮的宏大叙事的坚持。"人民"不仅仅是 1949 年之后对城市道路最流行的命名,普及到几乎每一个中国大中城市;更重要的是一个象征,一个透过命名所标志的广泛权力更替。"人民"也意味着所表达的愿望,但这个词并不自动包含所有个人,尤其是对照画册中一个不富裕的、承担劳动艰辛的人群集合。与作者之前的作品《洪江》一样,两个画册都以大合影结尾,这是摄影师的同情心所在:人们在这一传统格式中短暂聚集,完全不涉及力量表达,却仿佛微弱的、风过即逝的彼此安慰。

透过画册对这个具体空间的流变的系列展示，"人民"这一能指所指涉的现实已然远离"人民路"的原初意义；现实作为不再受到约束的所指，充满城市规划战略实施所产生的断裂和流动，其后是发展经济学思路的强大影响；在被架空的能指后面，权力与资本的合谋难以遮蔽，空间仅仅是实现合谋的工具，功能变化完全受到合谋的支配。农民工们在790号的生活状态以及最终被驱离的命运，与"人民路"所包含的某种承诺构成现实隐喻。在表面上，空间关系的转换服从于一种发展经济学的逻辑安排；实际上，对空间的体验及其形象支配，已经不再是单纯的建筑美学叙事，也表达出视觉实践在文化政治学意义上的伦理诉求。

空间形塑身体行为

空间塑造身体，遵循自身语汇法则。逼仄的空间导致局促的行为；开阔的空间生产爽朗；巨大空间具有压迫性，通过将人体对比得微不足道，展示出空间自身的暴力。仅仅就居住空间而言，从只能放下一张床的小房间，到鳞次栉比的宫殿，当空间狭窄时，意味着行为的省略和合并；空间扩大时，意味着需要更多行为、礼仪和仪式来加以填充。

作为当代城市生活空间典型，普通住宅的基本配置通常包括了房间和厅，厨房和卫生间。其数目依据住宅面积的大小而增加，并与日常生活的居住模式相适应。尤其是厨房和卫生间，城市住宅单元出现厨房的时间常常早于出现卫生间的时间。最初是自来水的普及，水管爬升到楼上，结束了要人工把水搬运上楼的日子；然后水管被安置在某个房间里，炊事沿着水管展开；下水道也被引入进来；之后在给排水专业设计支持下，延伸出卫生间；随着人们生活观念的改变，卫生间的面积增加，以容纳至少包括洗漱、沐浴和马桶三项基本功能。如果说城市化（或者说城镇化）是人类社会发展的自然过程，那么空间环境则成为重塑个体的重要力量。

对空间的操作意味着对人的操作，"地点的特性（可以被称为'地点性'）是重要的，这意味着再现并密切关注作为社会过程容器的空间形式和作为精神秩序表达的空间形式"。[1]居住空间的操作可以实现对人的定义和管理，建筑规划成为表征某一社会理想的工具。缺乏厨房的民工宿舍很容易让人联想到1959年在北京福绥境建设的共产主义大厦：对共产主义的理解在住宅建筑中的反应，是把厨房取消，就餐这类活动在公共食堂完成。公共食堂是人民公社最重要的特征，到不到食堂吃饭被看成是一个严重的政治问题。1959年反"右倾"时，一些不愿意去食堂吃饭的人，受到以"大辩论"为名的激烈斗争和断粮等打击，一些支持和同情不去食堂吃饭的干部，被划为"右倾机会主义分子"受到批判。[2]而如今在此大厦居住的人们，都各自在走廊里搭建了自己的小厨房。这种空间变动充分证明，空间从属于不同的社会过程，并成为人们阐释现实性的一种具体表征。

---

[1] ［美］大卫·哈维：《希望的空间》，南京大学出版社，2006年，第168页。
[2] 王军：《城记》，三联书店，2003年，第287页。

在门口搭建小厨房的传统再次出现在790号的小房间门口。简陋的小厨房只有一张小书桌那么大，要容纳一个电饭煲，一个电磁炉，以及其他炊事用具。附属内容有水桶、锅碗瓢盆，这些器具一如室内的陈列杂乱。因为人们的活动所产生的空间的具体内容，包括了共存和共时的关系；又作为一种权力，反过来影响、暗示或限定人们在现实空间中的活动余地和发展潜能。

在作品中，平面展开的各种视角的身体姿态与生活形态基本是一致的，那些或躺、或坐、或站立的人体，姿势和衣着一样随意。几乎看不到挺拔的身体，即使不在蜷缩状态，那些人体形态也令人不由自主联想到他们所背负的生活和社会压力。"充满压力的生活变故和社会支持在整个社会里并不是随机分布的，弱势群体和被剥削者面对的压力因素更多，而他们得到的社会支持和其他资源是最少的。"[①]身体的无力与身份的无序形成某种社会隐喻，即身体的空间源于社会结构的支配，因为所有产生力量、权威、约束和惩罚的各种看见或看不见的因素最终都可能定位于一种空间关系的主导、压迫或支配。

空间传递精神表象

空间表象精神，通过对生活状态的呈现，表达出其掌控者的不同特征。面向真实对象的现实取景，恰恰能够使摄影把场景、瞬间和对象组合成一个整体。

---

① ［美］凯博文：《苦痛与疾病的社会根源》，上海三联书店，2008年，第186页。

拍摄的时候是夏天，季节特征在图片上表现得非常明显，有的男人上身赤裸，屋子里都有风扇，夏夜人们在屋顶上睡觉。床上都铺着竹席，有的直接铺在木床板上，有的在竹席下面再铺上一层棉絮。人们在屋子里穿拖鞋，很随意的家常着装。当他们要被拍照的时候，最常见的姿态是坐在床上。他们的生活照就是他们的生存环境，而摄影作品所提供的参照物就是与对象本身保持着直接的、物理的衍生性和因果关系的符号。

画面上每个屋子里都有台面，既是操作台，也是置物架。最简单的台面应用了力学原理，用两根木条斜支起一块木板，就构成可以置放电饭锅等必需品的台面。台面支撑柱从四条缩减到两条，不仅节省材料，还通过倾斜节省了台面下的部分空间。复杂一些的台面发展出多个层次，变成了宽大的格子，里面塞满了瓶子、罐子、水壶、看不见内容物的塑料口袋。器具的多少可以推测居住时间的长短，也是推测家庭成员状态的物质数据。

空间其实是一个"物"或"物品"的集合。每一个"物品"（建筑的、动产的和不动产的）。都应该放入其总体中，都应该在空间中来理解，在空间中理解其周边的事物，理解其各个方面。这就要求应该把空间当作一个总体来理解、想象、把握和生产。[①]《人民路》所展示的生活空间完全不同于都市传媒所兜售的体现中产阶级审美趣味的空间。空间风格的选择和应用，直白或微妙地透露主人的品位，但790号每间居室都毫无风格可言。每个房间的整洁程度是不同的，保洁工的居住空间却并不表现得更整

---

① ［法］亨利·勒菲弗：《空间政治》，上海人民出版社，2008年，第120页。

洁，职业与生活的分离，暗示着生活的欲望在某种意义上源于生活的态度选择。

从消费角度观察790号空间，可发现一致的匮乏和凌乱。需求的存在是显而易见的，除了零星可见的几把椅子，居室几乎没有也容纳不了其他家居产品，包括家具、各种纺织品和厨房用品，这些产品都对应一种或几种功能，即使没有这些家具存在，家具所能满足的需求仍然存在。790号的住户们用最基本的方式来满足需求：没有衣柜，衣服是挂在墙上或收在编织袋里的；没有沙发，坐在床上；没有餐桌椅，在床上吃饭。床集合了桌椅、沙发甚至书桌的功能。狭窄的空间限制了农民工自身作为劳动力的再生产，在这个具体的空间环境中，所能完成的只有简单再生产过程。四平方米空间无法容纳其他的生活设施、娱乐休闲和文化消费。最简单的、被压缩的日常生活空间的维系，无疑是维持自身劳动能力的最后底线。

生活的物质环境相似性是否为居民提供了某种共同体意识，使他们意识到可以相互协作，无论是改变生活状态，还是改变生存状态？从《人民路》里找不到线索。公共区域有被所有人忽视的痕迹：肮脏的水池和便池，画面中的"脏、乱、差"显然图示了一种另类社会空间的语义秩序。没有物业的清洁维护，没有租户的自发行为，更缺乏共同体意识上的自愿行动，也许是租户深知不会在此长久停留，因此不愿付出劳动；也许因为分担公众事务不能成为共识，更不能诉诸行为，这种无力的状态显然是一种主体性缺失的状态。日常生活中的空间实践展示出社会关系的性质,也彰显出社会差异的内涵。表情上的无辜和无所事事泄露出人们的虚弱,他们严重缺乏能力,无法在伦理上与社会体验的物质语境进行对话、行动和干预。这究竟是因为空间环境本身所产生的社会关联模式的局限?还是因为身份性的社会性权力的缺失或不完整,杜绝了任何具有超验性质的社会行为的可能性?

空间生产身份区隔

在空间中,人是被区隔的对象。空间通过分离和容纳两种截然不同的能力,配合文化模式,对人进行区隔。被区隔为不同阶层的人群,拥有不同的空间模式,人和空间相互表象,构成地理和空间的发展经济学和城市社会学。空间的政治性透过空间的生产表象出来。列斐伏尔提出"空间的生产"(The production of space)这一概念:"这个术语意味着在建筑学和城市规划学的反思上向前迈进了一步。这个术语超出了这些部门,而建立在社会的总体之上。它要表明的是,人们并不把空间看成是思想的先验性材料(康德),或者世界的先验性材料(实证主义)。人们在空间中看到了社会活动的展开。"[1]这一社会活动的重要内容是对人的社会身份进行重新建构。

当"物"的生产被置换为"空间"的生产时,资本获得了市场实践的新舞台。在这个历史性过程中,空间的资本化和人的社会空间需求的矛盾被凸显出来,

---

[1] [法]亨利·勒菲弗:《空间政治》,上海人民出版社,2008年,第39页。

这在西方国家的现代发展历史上屡见不鲜,例如发生在19世纪中期以后巴黎的城市规划及其大规模改造,经济权力、政治权力和城市规划专业权力相互结合,为这一过程提供了巨大的动力。约翰·肖特曾经对此进行过详细叙述:"城市中心地区的低收入者住房被大规模地拆除,这极大地改变了巴黎的地形。这项计划由两部分组成:清除贫困和中等收入人群的老旧的、高密度的住房,然后在腾出来的地方修建林荫大道、公园、公共建筑和新的购物区。它的得益者只有放债人、政府本身和巴黎的资产阶级。放债人通过将钱借给政府获取利润,政府通过压制工人阶级的反对意见,强行修建宽阔的、易于管治的街道,而资产阶级则按照他们的形象和利益改写了这个城市。受损者只是贫困群体和新兴的工人阶级,他们被边缘化,被赶到了城市的外围地区。"[1]这样的故事也曾经发生在20世纪中期的美国:"1964年,马丁·安德森在《联邦推土机》中估计,从1949年到20世纪60年代中期,美国有一百万人被逐出自己的住房。每新建一处住房,就有四处住房被拆毁。他把影响总结为:拆毁的住房比修建的多;被拆毁的主要是低租金的住房;被修建的主要是高租金的住房;住房条件最糟糕的人群的住房条件恶化;住房条件最好的人群的住房条件得到改善。"[2] 这些案例说明,在一些特定条件下,空间可以成为一个最直接最醒目的生产对象,交换价值远远

---

[1] [英]约翰·伦尼·肖特:《城市秩序:城市、文化与权力导论》,上海人民出版社,2011年,第195页。

[2] 同上。

优先于使用价值，成为有效的资本操作工具，实现最快的增殖。

城市在传统意义上是人类文明的发展路标。在人们不可能完全回避的现实当中，贫民窟式的城市棚户区向来是产生社会不平等意识的重要来源。在经济收入、地位和影响上，这个区域都属于社会底层。城市区域与城市功能分区有关，也与不同社会阶层聚集有关。人民路790号正是一个贫民聚居地典型，其中贫乏生活也一目了然，同样是通过空间的极其贫乏来展示的。大部分租户并没有贫困到只能支付这样的住房，但他们有理由为未来的生活支出、日常消费、养老保障以及不确定的生活风险保持一个尽可能高的储蓄水平，从而将所有的活动压缩在二至六平方米的空间里，依据居住人数进行平均，每人所占据的空间只有二平方米左右，并在此容纳炊事、吃饭、睡觉、娱乐、洗漱等生活活动。社会行动能力和隐私权的压缩首先源于生存空间的压缩，显然，所有现实生活的动力和对未来生活的想象，都与人们生存的空间节点有关，即不得不选择这样的居住空间来理解物质世界的压迫以及对自身的社会定位。

在这样的物理空间中的社会生态关系是残缺的、短暂的和脆弱的，尽管房间里堆砌着各种各样的瓶瓶罐罐，仍然充满凑合的氛围，显露出一种过客的心态，一切都不值得保留，似乎谁也不会在意。在城市空间的改造热潮似乎成为永恒主题的背景下，被拆除或改造是迟早的事情，出租管理方投入极其有限，无论是物质还是管理规则，都看不出这种空间的持续可能。甚至居住者的职业也构成某种隐喻，即那些以拆除为职业的居住者不得不遭遇的命运的安排：恰恰是他们自己要亲手拆除自己的居住空间。人们在2011年8月陆续搬离，原有的住房被改造成商用型酒店公寓。空间关系的改变再一次泄露社会关系的机制，以及资本对利润的追逐。

二、时间：发展表象与空间隐喻

《人民路》是一个当代农民工生活的摄影叙事文本：在车水马龙的交通要道，他们用身体和行头进行自我广告，等待讨价还价的劳务交易，之后是茶余饭后的娱乐消遣，准备进入新的劳作和生活的循环。"农民工"的身份意味着人们的经验跨越了农民和个人的双重身份，也即意味着从传统到现代的双重经验。民族志式的田野考察有清晰的记录意图，镜头所捕捉到的连续的状态和行为力图证实并再现所见的真实。记录与创作的意图都将导致摄影作品所提供的空间里交织着人们繁杂的意识，但这个空间并非一成不变，各种有意无意的细节既将暂时痕迹加以再现，也将其流逝加以证实。作为被对象化的主体，农民工也会用文字符号来表明自己的存在；在非常局促的生活空间中，真实的微笑也毫不掩饰他们在期待隐隐约约的未来。无数叠加的影像留下被记忆的碎片，展示正在延续的生活拼贴以及一再重复、不断消逝的平淡和卑微。

从都市喧嚣到蜗居生活，从人物造型到劳动场景，《人民路》涵盖众多和形形色色的人与事物的时候，反复使用了单一甚至单调的形象重复和专题组合。正如个体在时代中常常感受到的迷失，在短促的时间里社会快速发展带来压力，构成"压缩的现代性"后果：人和物互为表象，繁杂的事物充满空间。生产和生产关系从乡间挪移到都市，现代都市"空间里弥漫着社会关系；它不仅被社会关系支持，也生产社会关系和被社会关系再生产"。①在某种程度上，厘清物的秩序，有助于从政治、经济、符号和美学的缝合和裂隙之间来理解这种感觉和想象之间的社会差异，有助于理解有关物质性空间的社会建构如何形成。在这种被感知、被想象、被表现的现实空间中，真正具有支配意义的逻辑是什么？空间本身的生产是否推出新的市场逻辑，物质空间分配的满足程度与社会行为的道德品质会产生一种什么关系？如果说城镇化发展的现实潮流是经济增长的重心所在，那么围绕着空间的生产、安排和分配应成为社会平衡系统，其中尤为重要的是如何发挥社会发展的积极影响。

文字与品牌

《人民路》的农民工有一些与文字有关的影像。作为现实理由，是这些农民工毕竟多数具有一技之长，需要向社会表明自己的专业身份。作为视觉比喻，被展示的印刷品和被书写的文字在图像布局中亮相或游荡，照片与杂乱的符号对话，意义的自我循环和自我勾连组成一个混合体。

---

① ［法］亨利·列斐伏尔：《空间：社会产物与使用价值》，见包亚明主编：《现代性与空间的生产》，上海教育出版社，2003年，第48页。

照片中出现的文字有三种不同的形态。首先是广告牌，农民工们标示自己工作内容的小木板，有的很简易，在木板上手写的黑字；有的较为正规，是打印在纸上，再粘贴到木板上。几乎所有的小木板广告都使用"专业"二字来修饰自己的工作，这个重要的细节是农民工向城市传达的关于自己的信息，表现出农民工对城市的了解和据此作出的回应。农民工在相互模仿使用"专业"一词来推介自己的时候，无意中再次旁证了专业化是现代化最重要的特征之一，已经成为现代生活权力来源的潜意识。

其次是墙上的涂鸦文字。这是新媒体时代来临之前的城市社会流行病，涂鸦不断见证城市边缘生活中的无聊时刻，在涂画的人宣泄完情感、表达完愿望之后，痕迹还留在墙上。虽然不一定具有实用功能，但却是人们宣泄情感的重要手段。涂鸦文化与其说是一种混杂着各种奇怪的心理冲动的亚文化，不如说是一种被模仿的社会仪式，更可能是一种防御焦虑的低成本手法，或者是一种身份和权力想象的道具。

最后，维持时间最短暂的、用粉笔写在黑板上的搬家通知，携带着最令人伤感的气质。文字写得那么工整，似乎源于长久的习字训练的结果，如果猜测写字者年纪，他可能出生在70年代或者更早以前。写字者一定曾经因为这一特长被人看重，字体上可见黑板报写作的功底，也许曾经是某个机构、单位或工厂的宣传骨干，字体本身流露出来的自信在今天成为某种历史痕迹。在今天的社会空间中，学校课堂之外的黑板已经越来越少，趋于绝迹。曾经在日常生活中发挥广泛影响的书法权力，已然完成了其社会性衰落。

这栋建于20世纪80年代的建筑，在2006年适应劳务市场的需求，把原有的63套房改建成190间普通租屋，现在又改建成名为"雅安酒店"的酒店公寓，再一次印证了市场经济的发展从商品到品牌的转换轨迹。酒店公寓作为商品，是独立、个体的产品单元，作为品牌，是通过产品来制造一种联系和记忆，从而在市场经济的竞争中确立自身的差异，包括满足商住客户短期的居住需求，清洁的环境，方便的交通，以及房间内部的睡眠、娱乐、卫生设施和网络接口，其市场对象是特定的目标人群，这个消费人群的支付意愿和支付能力都超过之前的居民。

改造前的房间图片几乎没有品牌产品出现，能够见到品牌隐约可见的场景是"生活家什"部分当中出现的调味品和电风扇，以及一些房间里被用于装饰墙面的品牌海报。这些受消费能力限制的人群，很自然被市场营销忽视。商品竞争的秩序从"物"的阶段上升到"媒介化"的阶段，从满足功能阶段递进到满足想象的阶段，品牌本身成为一种传播界面，体现了参与市场竞争的活跃性程度。为了传播品牌而制作和发布的广告信息，充斥着都市生活的每一个角落，成为现代生活的特征。品牌数量和状态是社会发展的表象，在生活中与品牌符号的接近性程度如何，也即个人的消费行为，成为精确表征社会阶层差异的指针。

从匮乏到丰富

对于摄影师来说，透过镜头凝视这些人群，所看到的不只是他人的生活，还有自己的内心经历，一幅伤感的地形图。摄影师的平视镜头对现实进行了审视，同时也重温了自身的生活经验。摄影的魅力之一就在于，作者可以通过自己观察和思考之后的叙事配置来把生活经验过渡到视觉实践的传播界面上来进行检验和分享。尤其令人感慨的是作者从拍摄对象的生活经历当中所体验或感觉到的双重迷失，第一重迷失是从农村来到都市之后的茫然和艰辛，第二重迷失是随着城市化的商业发展而始终不能摆脱低租金住户的身份尴尬。

在短短的一个夏季，一栋普通建筑从一个进城民工的生活文本演变为城市白领的消费文本，其速度类似中国社会在过去三十年以来，从传统社会向现代社会的快速过渡。变化所给予人的心理影响，与变化速度有极大的关系。变迁意味着个人需要不断面对新的环境和现实，从前习得的知识可能作废，道德观念可能过时，个人可能因此遭受利益损失，也可能感受情感创伤。如果变迁进展得很快，没有预期或者没有做好准备，每个人都可能发现也许是在一夜之间，自己所生活的世界已经变换了情景，修改了规则，自己成为无所适从的异乡人，虽然城市的背景仍然能够依稀辨认出过去的痕迹。

当空间成为一种反过来对人的真实压力，如何看待对空间的改造以及这种改造的后果？关于"空间（被表现的、被设计的、被建立的）是如何进入社会、经济，或者政治、工业与都市的实践中的？空间的概念在什么地方、什么时候表现出来？这一观念在什么时候会表现出它的有效性？在怎样的范围内？"① 这类问题的提出，将空间的生产变成一个混杂着多种主题的命题。从宏观上看，有发展经济学的城市运营逻辑和城市社会学的空间文明诉求；从微观上看，有文化心理学的自我认同需求到社会心理学的行为态度改变等等。

　　对于空间的态度意味着对于历史的态度。人民路790号的贫瘠和拥挤被快速改造，犹如三十多年来被快速推平和重新规划的城市。一种生活方式也在城市开发的过程中被消除了，人与人借助空间的分割相互隔离，进入新的生活方式，在其中私人空间逐渐扩大，人与人的关系需要遵守新的规范，保持空间所定义的距离。对杂乱贫困空间的凝视犹如遥望曾经的贫瘠年代，人与人共同生存，相互注视，或者说相互监视，全无隐私。现在，在即将消失的现场，紧密的监视被忘却，一种完全没有间隔的亲密关系浮现出来，从过去赋予此刻浪漫颜色。

　　摄影创作在拍摄对象时，有时无法避免拍摄内心，变成复原内心的记忆；记忆的选择既不是随机的事件，也不是既定的事件，而是一个不断选择、不断修饰的过程。即使是同一事物，所引发的回忆也可能是不一致的。空间匮乏曾经是一个时代的标志，摄影师自己也完全可能经历过，当年他对于未来无望的体验，也许比这些农民工还要强烈。

　　这些经验自从20世纪80年代以来被完全修改，尤其是最近十年来城市住宅供应量上升，房地产从无到有，生产的居住空间

---

① ［法］亨利·勒菲弗：《空间政治》，上海人民出版社，2008年，第24页。

完全改变了城市面目，构成社会发展的物质证据。这一行业还提供了许多新行业典型，例如地产界的新晋明星，从白手起家创业到在富豪榜前列踌躇满志，所耗费的时间不过是短短的十来年。创业的神话并不与每个个人都相关，但房子显然关系到个人的生活、幸福以及尊严。

同样的十年里，人们的生活习惯产生了巨大的变化。居住在四平方米空间的居民们很可能不认为每天洗澡是生活的必需，尤其是在长沙寒冷的冬季；但都市里的年轻人，习惯于套间带卫生间的生活，越来越倾向于把每天洗澡的程序视为基本道德要求。广告在这个过程中起着重要的推动作用，例如某快速消费品的领导品牌曾经发动一个"天天洗头"的活动，发布广告推广这一概念，提升了洗护产品的用量，最大的受益者当然是市场份额最大的品牌。这些活动对于形成都市生活模式有重要作用，却很难影响到人民路790号的居民，空间的有限性压缩了人的行为。

当人们所拥有的空间从一张床到一套住宅，人们的生活内容也将随之变得更丰富。生活方式变动造成的变化不仅在人的行为方面，还有心理方面。儿童必须学习及早独立居住，学习如何与父母分开；在790号儿童有充足的时间和父母相处，因为一个家庭只有一张床，他们每天必须和父母睡在一起。这些已经到学龄的孩子，和其他遵守不同身体伦理规则和父母分房而居的孩子对比，规则与空间的关系变得混淆：究竟身体伦理优先于空间，还是服务于空间？当性别关系主宰家庭空间分配时，新的行为准则被推广，新的心理问题也随之而来。

基于居住目的，什么样的空间关系，是人与人之间适度的关系？显然，空间过小与过大都将产生良性与不良后果。以住宅的卫生间配置为例，当一套住宅只有一间卫生间的时候，家庭成员必须共用设施，在这一位置相遇的机会较多，可能展开的谈话会增加，对彼此身体的了解也会更多；而多个卫生间的设置则对这一生理行为部分进行了空间区隔，直接取消了其间可能产生的信息传播。前后情形相比，为人所提供的方便性有所区别。

生存空间不仅仅应该满足人的生活舒适度，也应是提供和保障人的自我尊严的必要物质条件。空间成为个性的表征，在社会关系中替代个性行使影响力。真正的涉及主体性的、从遗传和出生中获得的确定性进行自主取舍的个性发展被忽视。尽管个性化的口号无处不在，尤其是在商品广告词里：个人的需求被开发成为商品对应的市场空间，具有强大的动力，只有购买力的限制才能阻止其实现；当住宅成为财富最醒目表象，不断对人释放赋权效应的时候，所有指标都环绕数字化的价值进行判断，"一个难以抵制的经常性诱惑就是在数量的优势中消解个人的恐惧，使之在狂欢的人群喧嚣中销声匿迹"[①]

现代社会的空间隐喻

《人民路》上的住户群体从农村来到城市，从传统生活进入现代生活，在省会长沙谋生。他们生于1960年代至1980年代，

[①] ［英］齐格蒙特·鲍曼：《个体化社会》，上海三联书店，2002年，第191页。

这个时间和地点，以及生活的艰辛都是摄影师有过的经历。时代的影响是复合性的，哈佛大学医学人类学家阿瑟·克莱曼80年代初在长沙的临床研究工作提供了经典案例。克莱曼观察到文革创伤的精神性后果：社会体验渗透到人的个人体验中，难以承受的社会压力通过躯体化得以表达，疾病成为人们对抗现实的重要工具。

人的身体在社会压力下产生变化，躯体症状不仅是临床症状，也是日常现象。照片里农民工有各种无目的的表情和非规范的姿势，"照片并不只是为了辨认而存在，而是能够扮演一个关于身体和知识的非常复杂的角色。"[①]弯曲的背部、卷曲的腿，身体的社会性特征正在说明个体的身份和生存状态。这些看起来在形式上平实得夸张的构图和表现，浓缩了短短的三十年里，城市社会快速发展，在从传统穿越现代抵达后现代的过程中，多种不同的社会形态和社会空间同时并存，形成混杂的现象；属于不同社会状态的价值观同时存在，影响了人们的行为表达，也影响人们相互理解。

在这些错综复杂的价值标准当中，拥有城市里的住房作为好生活的标志之一，不仅被城市居民所普遍认可，也已完全被进城农民工所接受，成为他们的奋斗目标。他们所设想的在城市里的住宅，是批量生产的带有卫生设施的商品房。这种住宅是现代建筑运动适应社会发展的最普及的产品。现代建筑运动应用工业技

---

① ［加拿大］朗·伯内特：《视觉文化——图像、媒介与想象力》，山东文艺出版社，2008年，第66页。

术的辉煌成就实现了空间的批量生产，以大量高层建筑以及摩天楼的形式，更换了城市面貌。20世纪早期建筑师柯布西埃就已经认为，现代精神面貌是非听从不可的，回应的方式就是现代建筑。面对住宅短缺的困境，他甚至提出过激烈警告："建筑或者革命"①。现代建筑运动所产生的大量集合住宅解决了当时社会所面临的住宅短缺问题，也是法国"二战"以后"黄金三十年"的成就之一。柯布西埃的判断得以成立："我们可以避免革命。"②建筑空间的量化增长和样式创新，不仅是经济繁荣的指标，更可以提供社会平衡。

  但是，住宅集合化并不必然导致良好的居住状态。居住梦想的目标实现，并不意味着有完全担保的幸福。现代住宅带来福利的同时所带来的问题，有时候是以最激烈的方式解决的。在1949年美国政府为扫除贫民窟的建筑运动中，著名美籍日本建筑师山崎实在密苏里州圣路易斯市为低收入者设计的公寓，由于对居住的心理需求满足不够，尽管精心考虑到使用的功能需求，仍然出现入住不足、犯罪率高这样互为因果的问题，于1972年被炸毁，成为现代建筑史上标志性事件。

  居住环境和社会心理需要相互匹配，而现代社会并不提供完全担保，新的生活方式中会出现新的风险："如果你在美国生活长大，你或多或少会上当，相信我们是受保护的，一切都会好

---

① ［法］勒·柯布西埃：《走向新建筑》，陕西师范大学出版社，2004年，第235页。

② 同上，第251页。

的,你可以轻松地生活。而有事发生的时候,你就会看到情况多么危险。在我的生活中,这样的情况已经发生好几次了,所以我得做好准备。而所谓准备也不过是谨慎……时时小心翼翼。那就是你必须总是十分在意你工作上的事,注意邻里和家庭关系,甚至你的身体。我在这家公司工作了20年却还是被解雇了;我曾遭遇过非常严重的车祸;我也陷入过由毒品引起的自杀倾向的极度危险;现在我的心脏又出了问题。这个世界是个危险的地方,也许比我愿意承认的还要危险。"[1]

这是阿瑟·克莱曼所记录的一位52岁的失业纽约人的感受。其中所提及的问题,解雇、车祸、毒品都是现代社会中容易遭遇的典型问题;心脏问题也是现代社会首位致死疾患。纽约的生活正被当下人们视为更现代、更完美的生活模式而追求,从信息状态、商品流通以及生活方式等方面来看,在中国的一些城市里,一些人已经实现,并被人们当成成功的展示内容和现代化的合法性证明。然后最强悍的象征也遭受了毁灭的命运,同样也是山崎实设计的作品,"资本主义最登峰造极的象征符号"[2]——纽约世贸双塔在2001年"9·11"袭击中坍塌,所造成的创伤是多重的。

在社会快速发展的过程中,文化的更替常常不能同步。从传统到现代需要艰难的跋涉,一跃而至极有风险。个体成长过程中

---

[1] [美]阿瑟·克莱曼:《道德的重量》,上海译文出版社,2008年,第11页。

[2] 止慈:《想象之井与反抗姿态》,《博览群书》,2004年2月。

所获取的价值观，在经历新的社会变动时将受到冲击，价值观越是基于传统，个人所感受到的压力越是巨大。仅仅摄影师对贫穷生活的凝视已经传递出痛苦了，而由此导致的对社会平等的追问，更令人感到沉重。在保障和发展中如何平衡，个人发展如何与社会整体协调，信息传播能提供什么支持作用，都是不能回避的问题。

摄影师以图文记录的人民路790号变迁事件，描绘出一种城市化过程中的底层人群和城市空间的结构性关系，不能不令人想到"人民"所意味的承诺。从前建设过790号的人们、居住过790号的人们、拆除和重新装修790号的人们，正是"人民"最基本的组成部分，但更新后的空间并没有他们的存在。"人民"可能成为新的目的，提供新的社会持续发展动力吗？

原载《文艺研究》2013年6期。

双重历史中的中国记忆

——陈曦组画《中国记忆》与电视

隧道式的展厅闪烁着20世纪60年代以来的经典著述摘抄，十几台带着各个时代的技术痕迹的电视机依次排列，展示中国有电视以来所记录的五十年当中的重大事件片段。油画中的电视机和真实的电视画面在提示着一个个曾经与我们的生活记忆有关的事件和人物。这是2011年6月中国美术馆展出的陈曦的组画《中国记忆》的场景：不仅仅是一个传统绘画和电视传播的相遇或交叉，亦是一个通过互文本方式呈现出来的艺术现象。

一、物的历史：电视作为生活的景观

在互联网问世之前，电视被认为是人类在20世纪最重要的发明。对于中国的电视观众来说，电视进入生活恰好是中国进入改革开放的新时期，整个社会正在发生"拨乱反正"的变化。把家庭日常生活和社会信息传播直接连接起来，电视成为一种家庭生活的配置。在电视的普及还非常有限的时候，电视为周围的家庭聚集在一起提供了理由和条件，看电视就像看电影一样，是一项集体活动，意味着某些时刻属于一个数量巨大的人群，电视播放的内容逐渐沉淀为共同的记忆。"作为一种媒介：电视延伸了信息世界中的触及面和安全感，它把我们锁在一个时空网络中——这个网络既是当地的，也是全球性的；既是家庭的，也是国家的——它有覆盖我们的危险，但也为我们想成为一个社群或邻里关系中的一员的要求打下基础。"[①]的确，与更传统的纸质媒介比较，电视的受众甚至不需要识字，更不需要思考，只需要打开电视机，就可以获得信息，成为收视率的组成部分，加入被电视传播的信息和事件当中。

作为一种生产意义的载体，电视传播逐渐延伸或改变了家庭生活的接触范围，电视对人们日常生活的渗透似乎是逐渐地伴随着生活方式本身的演变来完成的，尤其是它在生活空间中的变化。在小区和高楼所组成的新居住环境中，大部分的家庭，尤其是对于电视广告商来说最有价值的城市家庭，不同面积划分的单元房拥有数目不等的卧室，往往面积最大的客厅中最重要的视觉焦点，就是装饰电视的背景设计，被称之为"电视墙"。电视墙的设计很长时间以来是家居设计的重要部分，要动用很多设计、很多素材，有时候是特殊的石材、灯光，至少也要用显著颜色的壁纸，来烘托电视的存在；此外，还有专门为电视机的陈列所设计的电视柜。电视的存在通过在居住空间中的视觉重心位置来强

[①] [英] 罗杰·西尔弗斯通著，陶庆梅译：《电视与日常生活》，江苏人民出版社，2004年，第28页。

化自己，从而成为日常生活中的重要景观："景观不是影像的聚积，而是以影像为中介的人们之间的社会关系。"①家庭的社会组织模式通过家庭与电视的联系来产生符号结构，成为文化资本的象征。在有经济条件的情况下，家庭的社会分化或趣味分化也使得电视成为家庭的第二成员，如在中国的经济发达地区，一个家庭有两个以上的电视，由此确立家庭中的个人在时间消费或性别认同方面的体验差异，方便寻找各自独立的电视表达。

电视之所以成为支配生活空间的结构性因素，是因为电视在某种意义上代表着一个陈述行为的主体，在家庭成员之间和家庭与社会的交流当中起着巨大的象征性平衡的作用。从符号学的意义来说，看或者观看不仅仅是一种选择行为，而且也是在观看空间和观看过程中协调各种社会关系和意义的生活实践。这个看的过程具有仪式性，需要通过相应的具有消费特征的物件配置来产生日常生活的修辞效果。

在《被记忆》组画当中存在两条清晰的线索，即电视机的变迁与事件的记录，分别对应着物的历史与最近30余年的当代史。"毛主席逝世"和"唐山大地震"事件时代，电视机还只能放在有些磨损的书桌上，有的桌面铺了台布，台布上面压着玻璃。二十年之后，在"香港回归"和"超级女声"的时代，隐隐显现的电视柜被维护得铮亮。电视柜是随着电视的普及而普及的家具，其形式的丰富程度，远远超过家居空间中的其他家具。同

---

① ［法］居伊·德波著，王昭凤译：《景观社会》，南京大学出版社，2006年，第3页。

样,也没有任何其他家用电器能像电视机那样占据居室最重要的空间位置,以及被最隆重地烘托和装饰。即使是最不注重装饰的家庭,电视机也以一个适于观看的角度来摆放,在它对面,永远都有一组座椅,等待人们坐下,凝视它。显然,作为日常生活的电视观赏空间既非一个客体,也非先验的存在,而是一个与主体身份相关的行动的参照系。

在展览现场,在作品与观众之间几乎没有距离的传播过程中,人们窃窃私语,将画面里的电视和家具与自己家庭过往的财产相比较。写实的画面像旧照片一样唤起了观众的回忆,也促进了更频繁的观众之间的互动。电视在每个家庭的存在本身就是一桩表现性的事件,而且嵌入在日常生活当中,不能分离。在现代物质生活条件所给予的日常消费流程中,被展示和被注视成为聚焦生活意识的心理诉求,"而且更重要地预示了人们首先要发展一种真实的欲望以代替现存的补偿物",[①] 这种欲望的尺度首先表现为欲望象征体的电视本身的物质装饰效果,从而通过这种物质化的仪式定位作为文化补偿的基础,大众文化的消费性质和残留的文化膜拜心理通过电视奇妙地结合起来,还原为一种社会想象的领地。"对于大多数人来说,世界仅有两个地方——他们的住处以及他们的电视机的摆放处。"[②] 正是电视不断提供的视觉景观能够连接不同的空间(公共的和私人的,国家的和国际的),

---

[①] [法]居伊·德波著,王昭凤译:《景观社会》,南京大学出版社,2006年,第175页。

[②] [英]戴维·莫利著,史安斌主译:《电视、受众和文化研究》,新华出版社,2005年,第318页。

在文化地理学的意义上产生各个不同空间的互动和意义的再分配，并积淀为时代或社会的大叙事的节点，如《中国记忆》组画所提示。

二、电视事件的象征属性

著名传播学者丹尼尔·戴扬和伊莱休·卡茨把具有"历史的现场直播"效果的"媒介事件"视为电视传播的主要特征，他们提出："电视事件有三个伙伴：事件的组织者，负责收集元素并拟定其历史意义；电视台，通过对元素的重新组合完成事件再生产；观众，在现场和在家里，对事件感兴趣。每个方面必须给予积极的认同并拿出相当的时间和其他投入才能使一个事件顺利地成为电视事件。"①通过形成电视事件的传播关系，电视成为意义与情绪的承载体和激励体，每一个重大事件的发生，都是通过电视让人们观看、知晓并承担其后果。

陈曦在《中国记忆》中所关注的事件都是全民瞩目的大事件："毛主席逝世""审判四人帮""唐山大地震""只生一个好""女排在世界舞台""春节联欢晚会""大阅兵""三峡工程""特区建设""香港回归""9.11事件""神州5号升空""奥运会开幕""非典时期""超级女声""国庆60年"。这是一个大事件组成的简略当代史，一组宏大叙事的集合。毫无疑问，画面

---

① ［美］戴扬、卡茨著，麻争旗译：《媒介事件》，北京广播学院出版社，2000年，第64页。

的选择都是改革开放以来的中国政治和中国社会几乎影响到每个人的重要事件，电视参与了这些事件的传播并在传播活动中逐渐壮大成为最有影响力的强势媒体。电视传播的魅力在于可以充分地描绘事件，并在此过程中产生意义。正如菲斯克所说："电视是一种文化，是使社会结构在一个不断生产和再生产的过程中得以维系的社会动力的重要组成部分，而意义、大众娱乐和传播就是这一社会结构最基本的组成部分。"①

从《中国记忆》的传播效果来看，新闻信息的生产和人们的事件记忆似乎朝着两个不同的方向，前者随时间而贬值，无论是传播者或是受众，人们永远追逐正在发生或即将发生的新闻；后者随时间而升值，通过事件单元的排列组合，表达或传播关于某个重要主题的一套连贯的意义，成为社会心理交流的补偿结构，并把意识形态自然化为普通常识，形成人们世界观性质的社会记忆。

人为什么需要电视？很显然，无论从电视内外来看，电视的存在，都增加了人所需要的象征权力的运行方式。"电视既是日常生活中的权力与意义的中介，也是施加给予日常生活的权力与意义的中介，但要理解这里的权力与意义，不能不关注媒介之中多种复杂的内在关联，以及媒介所参与的各种层面的社会现实。"②对于电视当中被作为内容传播的人与事件来说，电视传播的过程提升了他们的知名度，也许还因为传播策略应用得当，或

---

① ［美］约翰·菲斯克著，祁阿红、张鲲译：《电视文化》，商务印书馆，2005年，第5页。

② ［英］罗杰·西尔弗斯通著，陶庆梅译：《电视与日常生活》，江苏人民出版社，2004年，第2页。

者准确迎合了某些期望，还同时提升了他们的美誉度，使这些被传播的人和事物获得社会认可，获得永远处于电视之外的人所没有的地位。电视之外的个人也能受益于电视；除了获得信息并同时得到满足之外，观看电视的重要功能在于立即获得与正在发生的社会事件有关联的感觉，通过"看见"，而为自己进行定位，既得知事件，也参照事件。现代社会中的人的自我认同，在很大程度上是通过这种拟像和现实之间的持续交流而得以完成。

电视的普及实现了人与事件之间关系革命性的转变，即从直播到录播再回到直播的时候，"现场"成为电视表达权力的最直观的焦点。无论从时间还是空间来看，现场都在理直气壮地吸引注意力：现场意味着进行中的事件，与其说直播意在强调事件的进行，不如说直播所强调的更是事件正在消逝。这种消逝感通过对观众占有的欲望和失去的恐惧双重操作，达到了某个收视率目标，即汇聚了一个由直播事件暂时统治的人群。电视直播把受众和屏幕聚合在一个零距离的状态，从而使得受众本身成为可以观察、测量、控制和挪用的对象，实现象征权力的施动作用，受众价值的附加值就在于象征权力的转移。

电视一度达到象征权力分配的高峰，实现了新的事件分类标准，有能力将一切事物按照重要的或不重要的来划分，依据是否由电视播出以及栏目板块、时段定位、播出形式（直播或录播）等等，来判断一个事件是否重要，重要程度如何。这套标准是观众在观看电视的实践中亲自习得的。正因为如此，"电视求助于双重意义上的戏剧化：它将某一事件搬上荧屏，制成影像，同时夸大其重要性、严重性与戏剧性、悲剧性的特征。"① 这一过程是通过制造观众与事件面对面的视觉幻觉而形成的,当观众注视屏幕中的事件和人物的时候,往往会忘记是控制摄像机的人中介了他们的观察。与此同时,在这个几乎是全权代理的中介过程中,那些出现在电视上的人和事件,非常自觉地觉察到自身处于被观察、被观看以及被评估的过程中。通过电视传达的人与事件被赋予以知名度为核心的象征权力,其核心要点就在于观众的数量。因此,电视台与电视频道以至于电视节目不同的层次上,其本身的品牌、知名度和最直接的收视率,决定了播报的事件的重要性和价值。正是电视传播的仪式化过程具有这样的受众效应,才使得被电视传播的仪式化事件在展示着社会发展的连续轨迹时,重新定义社会界线,成为集体记忆中不可缺少的凭证。

三、电视传播的市场机制

电视的普及过程不仅是日常生活空间的变动过程,同时也是通过电视的传播来扩散电视事件的过程。个人所生活的时代和环境,必然充满形形色色的事件,什么被关注、什么被知晓、什么被重视,这些个人时时刻刻都在做出选择的内容,电视先一步形成垄断性的传播栅栏。娱乐事件、文艺活动、政治和社会活动的内容,在格式坚固的新闻联播时间之外,不断为时代刻下自身的

---

① [法]皮埃尔·布尔迪厄著,许均译:《关于电视》,辽宁教育出版社,2000年,第17页。

印记，不断为人们提供生活的样本和范本，不断地区分事件的类别和时间界限。在电视占据象征权力统治地位的短暂时间里，电视以一种广受拥戴的形式，不容置疑地派发各种信息，只要求接受，不需要回应。

人们为什么愿意与电视合作，或者通俗地说，愿意上电视？无论是人、事件还是产品，出现在电视上，似乎就拥有了一种被重新赋予的价值。这种主动合作的态度来源，是对电视影响力的分享意愿，"上电视"意味着被广而告之，意味着和其他电视中出现的尤其是重要的事物价值接近，虽然这种接近性更多是心理安慰，而不是真实的关系，正如现实生活中著名品牌的消费品对人们的欲望的启发，促使人们完成购买的机制一样。

从符号学的角度来说，电视传播的过程存在着三个不同层次的符号代码，即通过现实的物质表现（如外表、服装、化妆、环境、行为、言语、姿势、表情、声音等）形成的一级代码，通过艺术表现（如叙事、冲突、人物、动作、对白、场景、角色选配等）形成的二级代码，以及贯穿在节目连续性过程中的意识形态所显现出来的三级代码。① 由此产生的传播效果之一是在传播过程中分配社会认可，这一认可就权力来源而言是新的，这些认可的时空聚合度相对较高，以飞快的速度到来，最典型的是一夜成名的模式。从电影制造明星到电视制造明星，无疑是文化工业在电视时代的升级换代模式。

---

① ［美］约翰·菲斯克著，祁阿红、张鲲译：《电视文化》，商务印书馆，2005年，第9页。

所以，懂得媒介操作，尤其是精通覆盖了最大数量人群的电视操作程序和策略的人，将从电视所构成的网络中受益，在构筑新的明星、将专业标准转换为大众知名度标准的过程中，巨大的利益透过注意力转移而产生。电视制造热点可以是准确针对受众需求的节目，如《百家讲坛》成功推出的名人以及突然爆发的张悟本现象；更复杂的合作模式则是联动活动与节目生产，《中国记忆之超级女声》对应的真实电视节目是一个成功的典型，这个节目在其顶峰的2005年发展成为夏季最热话题，创造了在最短时间制造最热明星的记录，甚至产生不可忽视的国际影响。这不仅是一个消费事件，还是一个联动了多种传媒技术手段的成功商业事件，将观众引入传播内容的生产过程，并使他们因此成为节目的忠实观众和传播对象，最终获得了超乎想象的收视率。

随之而来各种选秀节目风靡一时，因为这些事件不仅仅是活动参与者即那些渴望通过参加电视台活动一举成名的业余和专业人员的事件，也是主办电视台为了获得理想收视率、开发新的广告空间的经营要求，也是各类赞助商交换和购买注意力的投资。灵活的媒介策略能帮助产品插队嵌入热播事件，从而成为大热的商品。归根到底，广告主的需要是媒介事件的主导引擎，事件所汇聚的注意力，仍然是主要通过广告，才能将其中的商业价值成功套现。

《中国记忆》的冷静记录无意中展示出这样一个事实：事件之所以有价值，不是因为发生了，而是因为被多数人知晓；得知这些事件的渠道是电视，电视在一个极短的时间里把事件告知给极大数量的人群。这正是传播的力量：当人们透过"电视系列"识别出那些曾经在电视里旁观过的事件的时候，人们分享了一个共同的经历，也正在感知一种共同的情绪，而这种共同感，因为后现代对人的不断区分和割裂变得稀少和昂贵。

电视以一种革命性的方式，仿佛真实呈现的海市蜃楼，或者重新建造的乌托邦，许可了人们消除空间和时间的界限，不但解放了这些现实界限所束缚的人，还赋予人们仿佛君临世界的想象，在透过电视呈现在眼前的世界里，人们很容易被屏幕里的事件和幻想所捕获，从而体验凌驾其上的快感。由于在现实中不具有对应的事件及其关系，这种赋权效应产生的快感只能在对应的幻想中产生，有时候在现实世界里有所泄露，比如当人们谈论一些自己永远也不可能成为的那些名人所遭遇的困境，评论一些自己几乎永远没有机会实现的生活状态的时候。

然而这种解放的背后，隐藏着更深的专制。满足一种需求意味着建立新的联系，而新的联系又意味着新的束缚关系。通过电视看世界意味着回到电视之前的时代再也没有可能，接受电视筛选也就意味着全面接受从未被清晰描述的电视传播法则，意味着成为收视率基础的匿名者，成为可被销售当然也可被通约的组成部分。当主体性的存在完全依赖于被传播而逐渐模糊乃至消失之后，只剩下电视所表象的，人与世界的联系是一种被膨胀的主体间性，由生产者按照市场要求在重复的生产与再生产中推导出来，演化为资本增殖意志的自然表达。

技术发展可能带来解放，正如互联网技术发展所衍生的网络世界，既包括了技术自发的原动力，也包括人的需求；既存在来自自我解放的需要，也有被拯救的需要。催生网络世界的力量也可能来自完全相反的方向，即资本的力量以及更强大的利益共同体的规划，例如曾经由"信息高速公路"等广告词所修饰的规划项目所引领的未来构想，而今已然实现，完全彻底地改变了人们的生活，还带来即将把传统电视打发成为过去的危险。当网络世界成为现实，并把新一代人类纳入共同成长的轨道的时候，传统电视将逐渐变成反抗的对象以及怀旧的对象。《中国记忆》通过选择性的绘画记录，完成了向电视繁华时代的形式工整的敬意表达。

原载《现代传播》2011年11期。

埃舍尔说了什么

显然,埃舍尔在他的画里说了些大大的不同于人们日常经验的东西,这些东西所引发的惊异,使人再度按照习惯来启动了惊异之后的程序,那就是去寻求解释。从这个意义上来说,这本恩斯特于1970年和1971年之间写作的书,即使在关于埃舍尔的学术会议已经举办了多次、关于埃舍尔的生平和作品的书籍已经出版了许多之后,仍然提供了一种阅读的必要:不仅仅是因为这本书"所有的文本都经过了埃舍尔本人的校正、增删和必要的调整,精确地反映了他本人对自己作品的看法",还因为当我们为埃舍尔的画面着迷的时候,也会提出恩斯特所提的类似问题:这位创造者想要传达什么?他是怎么做到的?用的是什么方法?

在寻求解释的过程中有无数有趣的事情,比如,在数学家们看来,埃舍尔的画面巧妙地表达了他们所熟知的数学概念,常常将他的版画用作著作的插图,可是据恩斯特说,埃舍尔曾经对所有听得进去的人声明,就数学而言,他完全是一个门外汉;他所熟知的东西是将抽象的概念转化为具体的形式。此外,我们还会发现,在埃舍尔对大部分同时代的画家评价都不高的同时,他自己也曾经长时间地遭遇评论界的冷遇。更不可思议的是,他居然号称"我根本不会画画"。

埃舍尔七十四年生命历程在恩斯特这本书里只占据了大约十分之一的篇幅，我们可以从中了解到一个大致的轮廓。恩斯特也讲述了埃舍尔成长中的故事，艺术生涯的开始，重要的事件和人物，一如通常的传记故事。但是埃舍尔本人陈述，自己是这样一个人："内向、很难与陌生人相处，从不喜欢串门，工作需要一个人独处，不能容忍别人在窗前走过，回避喧闹和嘈杂的场所，不能给别人画像，因为让一个人在面前坐着会让他非常拘谨。"这帮助我们理解为什么埃舍尔的画不是以情感上的激动打动我们。他更看重的是惊异：埃舍尔说惊异是大地之盐，借助于《圣经》中的典故表达了他认为惊异是生活中最为重要的东西的看法。

"不可能"是埃舍尔的画面引起的人们诸多复杂反应中的一个，这也是和惊异容易相联系的关键词。恩斯特把埃舍尔的平面结构研究结果分为变形、循环和探求无穷三类，初始的方格似乎不可能转化成两只蜥蜴（《发展1》），也不可能同时与一个玩偶和一座城堡发生关系（《变形1》）。但是埃舍尔说可以，而且那种最基本的方格可以幻化出黑夜的白鸟和白天的黑鸟（《夜与昼》），还可以变成蜂巢、蜜蜂，直到城堡和人物（《变形》）。从模糊抽象的形状（在这里是方格）到各种形象分明的具体事物，埃舍尔不过是巧妙地使用了周期性平面分割这一手段，正是它联系了变形和循环，建立出图形与图形之间的关系；埃舍尔的特别之处还在于将这一关系编织到有限的画面里，尽管最大的画作《变形2》长达两米，但是其中容纳了差不多二十次变化，每一个变化的过渡空间是有限的，埃舍尔在其中仍然实现了有说服力的转换。

观看埃舍尔的画作几乎很难避开一个被强制的过程，不得不跟随他的思路行进。但这也许是一种抵达"不可能世界"的途径，因为对应于可能和日常的世界，去到前者的路似乎是不存在的，魔法和咒语只是掌握在意想不到的极少数人手里。在埃舍尔展示这样的途径的时候，人们非常自然地忘却了思考是否还有别的可能，存在于其他不可能中的可能性。犹如那些阶梯——埃舍尔反复画过的阶梯——在阶梯上人们展开了不同的行为，阶梯本身连接着不同的可能性，倘若我们自己是画中的那人，被放置在某一段阶梯之上，由于阶梯本身并不具备让人停留的空间特征，我们必须要作出决定：但面前的选择依然是有限的，即使他人的日常背离了我们的常规之后透露出反向的可能。埃舍尔喜欢把人和动物安置在阶梯上，阶梯也许是开始变形的起点（《循环》），也许是界定和通往某个特定空间的途径（《相对性》），也许是参照物，通过阶梯区别天花板和地面（《高与低》），还可以是空间的要素（《阶梯宫》），或者成为游戏场所（《上升与下降》）。

对于埃舍尔这样与众不同的画家，其作品仍然不得不置身于现实的基础之上，他不得不遵循规则，比如一幅画依旧是一幅画，二维的平面仍然是平面；他的作品还可以追寻到具象派画法、错视法等技法的来源和影响；但是他终究远远地突破了规则，所以我们可以看见在埃舍尔的笔下，从高处落下的水能够源源不断地流回原处（《瀑布》），梯子可以立在楼内靠在墙外（《观景楼》），这些事情全都与人的常识经验相差甚远。我们得同意按照埃舍尔的方式来说这些情形都是存在的；埃舍尔以非常精确的方式在画面上叙述过，每一部分在细致的推敲中都能够找到规律的支持，但最终不可能的结果只是仅仅存在于他的画面上。信任埃舍尔得冒着颠覆日常经验的风险，所以我们愿意在观看之后仍然将所看到的一切命名为"不可能"世界。恩斯特也说过在埃舍尔看来，……必须表现出这样一种理念，荒诞、超现实是建立在现实之上的。

"镜"是另一个关键词，如果真如恩斯特所说，埃舍尔描绘的事物是一种"以欺骗为目的的超级骗术，画家以此为乐，观者也注定会半推半就，从中获得一种特殊的快感，好像是接受魔术师的蒙骗一样"，那么，镜就是魔术师埃舍尔常常应用的道具，埃舍尔展示给我们看的镜面里光怪离奇的内容包括：街道（《镜前静物》），在这幅画里按照日常的逻辑出现在镜中的除了近处的牙具之外，应该是室内的状态，但在画里看到的却是街道；对面的世界（《静物与反射球》《手执反射球》），反射和透视并存（《魔镜》）。那些过渡和更替似乎都还顺理成章，于是人们也就认可那些事物在同时同地的共存了。其中镜子成为一个被重点注意和再次审视的媒介，镜的所有的功能都被放大，但是人们仍然是通过被镜处理过的影像来重新发现镜的魔力。

在讲述这些不可能的绘画过程中，恩斯特说："绘画乃是骗术。一方面，埃舍尔在各种作品中展示这种骗术；另一方面，他完善了它，把它变成一种超级幻象，使之呈现出不可能的事物，由于这种幻象是如此的顺理成章、不容置疑、清晰明了,这种不可能便造就了美。"

"不可能"和"镜"还构成了恩斯特的言说的题目,这本书,被命名为《魔镜——埃舍尔的不可能世界》。埃舍尔声名先抑后扬的经历,似乎也是介于可能和不可能之间,这正是一个布迪埃尔的艺术场逻辑的典型案例:埃舍尔的画无意中回避了美术界的例行规则,他的画和主流作品相比有着如此与众不同的特质,引起数学家们的关注。观众们惊异而非感动的注意,使他最终殊途同归地收获了声名和影响。恩斯特绝非刻意的记录中的细枝末节透露了埃舍尔的无意:埃舍尔在离开居住了多年的家搬到养老院的时候,把许多立体模型都捐给海牙市博物馆,带走的只是一个用细绳和电线制作的柏拉图模型。看起来埃舍尔真正关注的正是恩斯特叙述的创造的乐趣,否则他也不会这样认为:"人们不应该让我的作品弄昏头脑;他们应该往前走,为自己做点什么,那无疑会给自己带来更多的乐趣。"

"当我开始做一个东西的时候,我想,我正在创作世界上最美的东西。如果那东西做得不错,我就会坐在那里,整个晚上含情脉脉地盯着它,这种爱远比对人的爱要博大得多。到了第二天,会发现天地焕然一新。"埃舍尔在这样的心绪中制作作品,让人迷惑和惊喜,也让人有点意外,因为不动声色的画面似乎更应该跟不动声色的画家相联系。

译者田松在译后记里讲述了自己发现、关注和了解埃舍尔的经历,或许中文世界的许多人都是从这个途径认识埃舍尔的:从当年《读者文摘》的插图，到《GEB》两个中文版本，时隔十多年的简译本和全译本，以及国内举行过的两次埃舍尔画展。所以，《魔镜》中文版的出现，是一个了解这位特立独行的画家在进行绘画探索过程中那些思想冒险的经历和结果的机会。就这个意义而言，阅读的必要性还会表现在我们自己对于埃舍尔的喜爱在多大程度上是靠得住的：喜欢一个画家的作品，是否还会喜欢他的更多乃至全部。在读完《魔镜》之后，我们可以信任这本书多过信任埃舍尔的画面，因为写作的时候在埃舍尔与恩斯特之间，有了年龄、声名或许还有些智力水平上的差异，作者的自我并无过多的直接显露，对于画家的描述，可能应该更为接近其本身。尽管有些不可避免的个人思路，但这不足以使人为作者的想法感到惊异，像埃舍尔的画频频触发的那样；因此阅读的时候，更多还是在看作者耐心收集的素材和分析——文字形式的和数学公式。阅读是如此安全，作为数学教师的恩斯特，他的职业特征和职业内容都有理由让我们相信他说的一切，即使我们刚刚从埃舍尔的"骗局"中出来，难免带着些害怕再度上当的小心翼翼。

原载《博览群书》2003 年 3 期。

《春之祭》：三个男人，与 1913 年巴黎的一台大戏

1913 年 5 月 29 日，巴黎香榭丽舍剧场，剧场第一个演出季。一场现代芭蕾舞剧的演出引起现场观众的惊恐和骚乱。高雅的巴黎人发出完全不顾形象的尖叫声和咒骂声，高过了演奏的声音，把编导和主演尼金斯基、作曲斯特拉文斯基与舞团艺术总监贾吉列夫淹没在其中。斯特拉文斯基那天是身着大礼服出场的，此刻他只好拽着衣服控制自己不要跳上台去帮忙，他用法语对大家喊安静，但是毫无作用；贾吉列夫违背了自己一贯淡定的原则，从包厢里探身出来，请求观众让演出继续下去。

《春之祭》音乐充满相互冲突的尖厉音调，的确容易激怒习惯古典风格的耳朵。这只是一部分原因。还有部分原因来自舞蹈。以俄国原始社会为时代背景的舞剧，第一部分"崇拜大地"展示的是春天到来之际象征生命复苏的生殖崇拜。要是想到尼金斯基因为表演时少穿了一条紧身裤就冒犯了观众而被开除的背景，这次的混乱就不难理解了。一位老妇人的反应很典型："这是六十年来第一次有人对我不尊重！"

斯特拉文斯基创作《春之祭》时，所设想的场景是异教徒庄严的礼祭，智慧的长者围坐一圈，注视着一位姑娘跳舞至死，他们把她当作牺牲品，祭献给春之神。14 节音乐组成乐曲的两个

部分，大地回春和祭献牺牲。乐曲使用民间曲调描述春天生物世界的奥秘，在跳舞至死的段落，音乐节奏复杂，听起来野蛮强烈。像是"原子弹爆炸"——这是瑞士作曲家阿尔图尔·奥涅格的评论。演出激发了可以覆盖半个巴黎的反对意见，不过支持者也是非常显赫的人物：罗丹、雷东、普鲁斯特，等等。罗丹甚至表示要为尼金斯基塑像，但这个想法并未实现。

《春之祭》这一年在巴黎和伦敦总共演出了六场。舞蹈革命性的内容，音乐前所未闻的配器风格以及打破传统的和声语言，导致首演引起混乱，人人都被激发出意见，这些强烈的反对声反而使演出飞快获得国际名气。这个春天，芭蕾舞剧《春之祭》不只是尼金斯基一个人在舞台上表演，还有贾吉列夫和斯特拉文斯基把巴黎当成舞台，这是三个男人分别导演和参演的一台大戏。

尼金斯基

尼金斯基和他的妹妹尼金斯卡，都降生于父母旅行演出的途中。这似乎注定了他们也将继续家庭自曾祖父母以来的职业舞蹈生涯，四海为家。尼金斯基在波兰华沙度过童年，小时候其貌不扬，不善交际。十岁那年，母亲将他送到彼得堡帝国芭蕾舞学校接受一流的启蒙教育。由于天赋超人，尼金斯基在实习演出中赢得大家一致好评，甚至被建议提前毕业。他仍然坚持完成八年学业，其间参演了福金根据莫扎特音乐《唐·璜》改编的同名舞剧首演，初出茅庐，技压同台的资深明星和前辈。毕业后立刻被当时势力登峰造极的芭蕾明星切辛斯卡娅邀请做男舞伴，开始有可靠担保的职业生涯。他还曾经做过巴甫洛娃、卡尔萨文娜的男舞伴。

最重要的事情，当然还是遇到贾吉列夫。1909与1910年他作为贾吉列夫率领的俄罗斯芭蕾舞团首席男主演随团征战西欧之都巴黎，两战两捷。1911年在蒙特卡罗与卡尔萨文娜首演《玫瑰花魂》，同年六月在巴黎首演《彼得鲁什卡》，后者重点展示了尼金斯基的非凡演技，表演为他赢得了法国批评家们"世界上伟大的戏剧演员"的赞誉，列文王子为之赞不绝口，认为彼得鲁什卡给他留下了生动难忘的印象。

在贾吉列夫的支持和宠爱下，尼金斯基取代了舞团首席编导福金，从1912年的《牧神午后》开始了自己的编导生涯。这出仅仅12分钟的独幕舞剧预演了《春之祭》的混乱，演出令观众目瞪口呆，并立刻分化成赞成与支持两派，欢呼声、倒彩声、掌声以及口哨声混战一气，赞成派在现场很快取得胜利，结果舞团有史以来破例返场重演一次。

一年以后的5月29日，即《牧神午后》的一周年纪念日，舞团在巴黎隆重推出《春之祭》。这是舞团发展的顶峰时刻，巴黎艺术界和批评界都一致认为两个男人的亲密关系与辉煌成功是男性舞蹈的凯歌。贾吉列夫栽培尼金斯基不遗余力，其他演员外出休息玩耍的时候，他带着他去卢浮宫看美术名作，他深深知道修养对于表演的影响。当然，他们也许还在谈情说爱。

对此舞团的女一号卡尔萨文娜很不理解，甚至感到气恼。一百年前波多金博士就这样开导她：给这种仅为变形的自然现象一个恶名，是残酷的判断性错误。许多例子说明同性恋者同样可以过上幸福的生活，使爱情美好的不是其对象，而是其质量。然而尼金斯基本质上也许并不为同性之爱而满足。

夏天，尼金斯基带团前往南美巡回演出。秋天他与一直仰慕他的匈牙利演员罗莫拉·德普尔斯基结婚了，这事大大地激怒了贾吉列夫，他开除了他们。三年以后，也就是1916年他们才和解，通过贾吉列夫和美国大都会歌剧院的努力将尼金斯基交换到美国。访美演出非常隆重，然而辉煌的往日不复再来，接下来又是分道扬镳。尼金斯基在忙碌的一年里出现了精神上的症状，在自己事实上的告别演出中，这位杰出的舞蹈天才，只跳了《仙女们》中一小段玛祖卡舞。

就结果看来，合作关系的终结对双方都是损失巨大的，尤其是尼金斯基，以比出名更快的速度结束了他的职业生涯。27岁时尼金斯基成了精神病人，诊治过他的医生有著名的弗洛伊德和荣格。他们都无法把他从家族遗传的精神疾患中拯救出来。到他1950年去世，还有漫长的三十年。这不是作为舞蹈家的三十年，而是作为病人的三十年，他将在精神病院里消磨掉余下的时光。20世纪最伟大的芭蕾舞男演员将要像空中的火焰那样静静地熄灭；他的传奇一生的光彩集中在1917年前后几年。尼金斯基对整个芭蕾史的贡献是在一片阴盛阳衰的靡靡之音中重构了男性舞蹈家和男性舞蹈应有的地位，展示了力量丰富的壮美完全可能与柔美完美地结合。

对他的兴趣不止来自舞蹈史学界，还来自大众。以他的名字命名的电影包括未完成的有四部，英国电影舞蹈片《红菱艳》也以尼金斯基故事为模板。真实的尼金斯基只能在为数众多的图片和文字中获得不朽，由于贾吉列夫的反对，俄罗斯芭蕾舞团没有电影资料留下来。

尼金斯基在伦敦去世，后来被移葬巴黎。

贾吉列夫

在贾吉列夫心中，世界上最好的女性不是别人，是他的继母。贾吉列夫出生时母亲就去世了。他从小成长的家庭具有强烈的艺术气氛，姨妈与柴可夫斯基有点亲戚关系，擅长演唱他的歌曲，还带领童年的贾吉列夫拜访过作曲家。书房里挂着伦勃朗、拉斐尔的画作，客厅里几乎不间断地放着音乐，在这样的成长背景下，贾吉列夫很早就会谈论文学，表演戏剧和演奏音乐，并会说德法两种外语。

以管理推广芭蕾舞闻名的贾吉列夫早期的工作并不是舞蹈。他是一个天才的募款人、天才的管理者和组织者，拥有圣彼得堡大学的法律学位，早于斯特拉文斯基十余年，向里姆斯基·科萨科夫学习过音乐。他本来希望从事音乐，写过以普希金诗作为歌词的歌剧，可惜小范围试听时被邀请来的朋友所打击。郁闷中贾吉列夫转向美术评论，却找对了方向，他组织的一系列活动充分展示出自己多方面的才华：编辑《艺术世界》；从1897年开始私人举办画展，1905年举办了"俄罗斯肖像画历史回顾展"，这个拥有三千多件作品的主题展一年后移师巴黎，引起了巨大轰动，促进了随后几年俄罗斯音乐会与芭蕾舞剧在巴黎的推广。

1907年贾吉列夫带给巴黎的是俄罗斯音乐。柴可夫斯基和里姆斯基·科萨科夫所代表的俄罗斯民族音乐在挑剔的巴黎听众中引起强烈反响，把他们迅速分为两个阵营，但两个不同阵营的支持者都认为俄罗斯音乐的强大是不容否认的。

1909年芭蕾舞团以豪华阵营莅临巴黎，把这一年的5月18日变成现代芭蕾的诞生日。观看表演的阵容由珠光宝气的女人和气宇轩昂的男人组成，除了俄国大使、法国的部长们，还有圣桑、拉威尔、罗丹等等，以及纽约大都会剧院、巴黎歌剧院、波士顿歌剧院等剧院的院长们，还有著名的依莎多拉·邓肯，这是现代舞中最响亮的名字。

这一天精心编排的节目大获全胜，为贾吉列夫舞团赢得了巴黎歌剧院第二年的演出合同，在未来的二十年里，俄罗斯芭蕾征服了世界。贾吉列夫几乎把当时最有名的艺术家都集中到自己身边，合作者名单表现了这个时代的高度辉煌。舞蹈天才尼金斯基、卡尔萨文娜、玛科娃，还有"现代芭蕾之父"福金，等等；音乐合作者包括了20世纪中一系列显赫的名字：斯特拉文斯基、拉威尔、德彪西、普朗克、普罗科菲耶夫等等；而美术合作者有伯努瓦、毕加索、马蒂斯、契里柯等等。在芭蕾舞剧的平台上，贾吉列夫集中了他所在时代的精华，并将其推向一个难以复制的高峰。

20世纪初世界文化最有影响力的中心巴黎，成为贾吉列夫长袖善舞的舞台。他不仅懂得操作演出，还懂得操纵观众。意外的轰动如《春之祭》式的混乱，贾吉列夫说那正是他想要的效果。美术、音乐、芭蕾舞依次被贾吉列夫带来展示，俄罗斯文化经由欧洲到美洲的传播，是经典的文化传播案例。这一文化传播的地理方向，正是日后斯特拉文斯基的生活轨迹：彼得堡——巴黎——洛杉矶和纽约。

斯特拉文斯基

著名音乐史学家杰拉尔德·亚伯拉罕在他的著作《简明牛津音乐史》的最后一部分里这样评论斯特拉文斯基：他从吸取当代俄罗斯音乐开始，继续吸收适合于他的天赋的所有真正当代成分，而后再结合19世纪、18世纪、17世纪的有用成分。当他于1971年去世时，一个时代就结束了。

《春之祭》的公演确立了他的先锋派音乐领袖地位。在此前十二年，彼得堡大学法律系学生伊戈尔·斯特拉文斯基经常泡在里姆斯基·科萨科夫家里，并于1903年成为他的学生。1909年在圣彼得堡公演了他的两首管弦乐曲《焰火》和《幻想戏谑曲》，被贾吉列夫听到，邀请他根据火鸟故事创作芭蕾舞剧。《火鸟》的成功也让斯特拉文斯基成名，以后《彼得鲁什卡》和《春之祭》的出现顺理成章。《春之祭》是20世纪最有影响力的音乐篇章，是里程碑，直接和间接影响了无数作品，比如电影《星球大战》的音乐。《春之祭》还被迪斯尼使用，不仅为斯特拉文斯基带来了可观的版税收入，还帮助传播推广了作品。

苏联的米哈伊尔·德鲁斯金——著名传记作家、音乐学家、艺术学博士，斯特拉文斯基的传记作者，认为他的个性是很难描画的。困难在于他曾经与许多人接触、一起工作，被许多人注意甚至熟知。困难还在于斯特拉文斯基的个性非凡而复杂，对生活、对人和对艺术的态度非常主观而多变。这符合他自己的说法：声音组合产生于两极引力相互作用。

和他在音乐史上的显赫地位有点误差，斯特拉文斯基身材矮小，有一双出奇的大师般的大手，他的面庞轮廓清晰，颧骨凸出，这值得注意，因为他自己说过："我的音乐完全出自骨骼。"他的目光深邃而有洞察力，这不仅因为他拥有令人难以企及的成功职业生涯，更多地是因为他的见解——20世纪再无任何一个作曲家能够达到的知识水平。

他的举止显示出上流社会的风雅，还有优美的漫不经心。他如此频繁地往来于浮华的世界，从小在父亲的客厅里见识名人，比如常客穆索尔斯基和陀思妥耶夫斯基。他也属于彼得堡高级艺术知识分子圈子，经常出入里姆斯基·科萨科夫的客厅，在那儿遇到贾吉列夫。后来到了巴黎，巴黎艺术圈最不缺少的就是名人。去洛杉矶之后，与勋伯格相距仅十来公里，但他从来不与这位阿多诺推崇的作曲家来往。最后在纽约，当然，他已在顶峰的顶峰，有向他的寿辰致敬的音乐节，斯特拉文斯基更可以优美地漫不经心。

斯特拉文斯基经常被列出来与毕加索相比，他们都属于一生善变，可以游走于不同风格的那一类人。音乐史学家们认为毕加索早在1907年就画出了《亚威农少女》这样的标志性作品，而

《春之祭》晚了几年才出现；但他们忘记了《春之祭》一面世就引起轰动，而《亚威农少女》在毕加索的画室地板上默默无闻地躺了好些年，直到1937年被纽约现代博物馆买走，才得以展出，引起轰动。这个时候斯特拉文斯基已经取得法国国籍，芭蕾舞剧也在纽约举行首演。美国是他漫长人生的下一站，纽约是他显赫影响力的表象地点，这个城市在"二战"之后逐渐取代巴黎成为世界的当代艺术中心，是他人生最后阶段居住之地，作为老人家斯特拉文斯基在此过得热闹体面：80岁的庆典是为他举办音乐会，85岁时给他一个音乐节。虽然有意见认为他不过只是谙熟各种音乐形式，斯特拉文斯基仍然是成功人生的楷模，在辉煌的事业成就之外，还足够长寿、足够健康，86岁还在周游世界演出。

斯特拉文斯基与贾吉列夫有大量相似性，尤其是在对艺术的认知方面。他们终身都对绘画感兴趣。他们都在彼得堡成长，有容易被混淆的童年少年，都与里姆斯基·科萨科夫有师生缘，在巴黎定居合作，他们都具有自幼而来的美术方面的深厚修养。斯特拉文斯基漫长盛名的起点，是贾吉列夫的赏识。贾吉列夫终身不婚，斯特拉文斯基有两次应该是幸福的婚姻，有两个孩子，分别从事绘画和音乐工作。他于1971年的春天在纽约去世。他最后葬在威尼斯，墓穴像他生前希望的那样，接近贾吉列夫长眠的位置。他们从同一个城市出发，最终又都重逢在另一个城市。

卡拉扬的四副面孔

2008年，奥地利城市萨尔茨堡开始了纪念卡拉扬100周年诞辰的系列活动。这是继2006年纪念莫扎特诞生250周年之后的盛大庆典，内容包括举行纪念音乐会、国际巡回音乐会、文献展览，发行关于卡拉扬生平的书籍、电影，各大唱片公司都会发行卡拉扬的作品集。卡拉扬的遗孀伊丽埃特·卡拉扬也将出版传记，讲述她与音乐大师之间的生活故事。

王者卡拉扬

如果萨尔茨堡是一个音乐的王国，那么卡拉扬至少可以被视为一任杰出的国王。这是他的故乡，他在这里出生，度过生命中最后的时刻，长眠于此。卡拉扬的名字在全世界流传，在萨尔茨堡更是家喻户晓。和莫扎特留下音乐和卷发的形象不同，卡拉扬留下更多的视觉内容，除了照片，人们还可以在影片里与他相遇，重温往昔，仿佛这个人从来都没有离开。

卡拉扬相信有来生。对此他坚信无疑，认为根本无须讨论。他喜欢歌德有关这件事的论述："假如我有那么多的事情要思考、要完成、要沉思，这都得借助我的躯体。那么，既然我的躯体已跟不上我了，造物主就一定会另赐一个给我。是一定，而不是可能。"

20世纪最显赫的指挥家卡拉扬毫无疑问也是古典音乐最为著名的代言人，他的知名度远远超越音乐界，对于许多人来说，"卡拉扬"一词意味着古典音乐的颠峰，甚至像"贝多芬"这个词一样，意味着音乐以及与音乐理所当然的美好关系。

卡拉扬领导了世界上最强的乐团柏林爱乐很长时间，与个性鲜明的乐队成员们保持了极好的关系。1979年来中国演出的时候，有两位团员从飞机悬梯上摔下来，他立刻急着要去查看，不顾自己腿不方便。梅纽因写道："卡拉扬护着他的团员，确保他们有丰厚的报酬和高品质的乐器，鼓励他们各自组织室内乐演出，以各种各样的方式鼓舞他们的士气。"但不要以为他会容忍背叛。在梅耶事件之后他可以毫不留情地拒绝柏林爱乐，自己掏腰包将维也纳爱乐接来参加萨尔茨堡的演出。他也不在乎决裂。

据说在排练时卡拉扬喜欢坐在音乐厅的第十六排的位置上，身旁坐满了他的主要工作副手。"他就像一位帝王般，控制着舞台上所有排练细节的精确进行，不容有一丝差错。"

卡拉扬的重要性在于他很可能是后无来者的古典音乐代言人。古典音乐正在日益变得小众，类似19世纪风行的长篇小说，这种艺术形式也已经随着大叙事时代的终结而势微。现代性的宏大叙事追求崇高、壮美与包罗万象，而且从技术基础与手段上也有能力建构这一主流审美方向的现实景象。这是从瓦格纳到卡拉扬的时代背景，其中时间是一条有始有终的直线，为了争取比现在更为美好的未来，值得从容地付出辛劳。这一价值取向早已被后现代的趋势所动摇,在时间被片段化以后,只有此刻有存在意义,此刻和其他时刻失去了必然的逻辑关系。基于对传统价值的破坏和革命所产生的碎片化的、平面化的艺术表达,将逻辑性地产生快速流通的产品——可交换的艺术商品。基于市场和消费者导向的音乐市场,需要快速更新的内容,再也不能容忍长久的统治关系。

卡拉扬非常符合人们对奥地利人和德国人的刻板印象,从他的一些照片看,很令人担心这个人是否会笑。十多年以前,《爱乐》丛刊创刊号在专题里选用了一批图片,其中卡拉扬都表情严肃、够酷、够威严。他从来不凝视镜头,甚至连看都不看,就像照相机根本不存在,但是他的表情泄漏了他对相机的意识,使人意识到他漠视相机的存在,他不配合在摄影这一时刻里显现的摄影师的权力。

他的传记作者记录了两人最后一次校订文稿之后发生的事情。约好下午一同出海航行,但是卡拉扬没有去。船出海了,但是船长让船在海湾里兜圈子,一直游弋在卡拉扬从家里能够俯瞰到的视域里。他们都知道卡拉扬第二天要评论今天的航行——这一幅类似边沁描述的圆形监狱装置的画面,详细表现了权力的面孔。权力在卡拉扬手里,他才是王者。

商业偶像卡拉扬

从今天的标准看来,卡拉扬也是一个令人惊叹的商业天才。造就卡拉扬有时代的机遇,有赖于传播音乐的新媒介灌录留声机唱片技术、广播与以后电视的普及，但他的成功具有坚实的基础：专业天赋和能力、管理能力与商业谈判能力、偶像派的形象。仅仅具有其中一点已经可以做一个出类拔萃的人了，何况卡拉扬将三种优势集于一身。他努力奋斗，最后成功并且富有。

传奇般的成功建立在这样的基础上：至少熟悉五十部歌剧的每一处细节，能在从熟睡中被唤醒的情况下，立即从五十部歌剧的任何一处开始指挥。小泽征尔惊叹于他的记忆。"有一次我打电话向他请教一部歌剧，我知道他已多年没指挥那部歌剧了。我敢肯定他来不及看总谱，而他竟跟我一起过了一遍，每个细节都正确无误。唯一的麻烦是他的话难于听懂"。

"有一次排练《漂泊的荷兰人》，他不满意剧中帆船的进出，终于忍不住步履蹒跚地走入后台，往后的十几分钟里，我们看到帆船的表现越来越好，原来卡拉扬到后台亲自示范操作帆船的布景。"

卡拉扬喜欢电视，这多少和古典音乐所代表的趣味是相互背离的。他比同时代人更早懂得如何表现自己，不仅是在现场，还有在银幕和屏幕上。他甚至要求摄影师将镜头越过他的肩来拍摄他的手的动作，因为这样可以展示得更清楚。他把家里地下室装备成了一个具有专业水准的剪辑室，着手把自己的核心曲目重制成唱片（其中一些已是第五次重录）和拍成十六毫米影片。他知道事情的关键，即提供尽可能多的信息：想象一下在一部45分钟长的交响曲影片中有41分钟都是卡拉扬的特写镜头。他要画面上尽量少出现演奏者，尽量多地展示他自己。剪辑一般基于这样的理由："巴松管是一件形象丑陋的乐器。""那个团员实在难看，别看他。"

在现场记录视频与唱片封面、杂志的照片中出现的卡拉扬，一直都是形象完美的卡拉扬。他太懂得视觉传播的威力所在，尽管当时商业传播技术还没有进化到今天这样专业。要获得理想传播效果，对信息进行重复是必需的。

卡拉扬原定在维也纳乐友协会金色大厅指挥海顿的《创世纪》，后因故不得不取消，改由另一位指挥家指挥，这个小小的改动令音乐厅座位空了一半。在专业人士看来另一位指挥家的气质更适合指挥海顿的作品；而且维也纳乐友协会金色大厅的听众是世界上音乐修养最高的。这显然成了另一种现象，即人们去音乐厅并不是为了听海顿的作品，而是看卡拉扬的指挥。一位当地乐评家开玩笑地总结出：哪怕卡拉扬指挥的不是乐团，而是一套立体声音响系统，人们也乐意花钱去看。卡拉扬和希腊歌唱家卡拉斯一样具有雕塑美的舞台形象——卡拉扬也有希腊血统。

卡拉扬热爱航海、驾驶飞机、摩托车以及登山——今天这些行为已经是吸引注意力的常规手法。卡拉扬以完全等同于工作的态度去对待这些运动，表现出充分的自信和出人意料。对他来说重要的是他的表演要完美，不论是在指挥台上还是在赛艇、汽车或飞机的驾驶座上。完美就是他的快乐。70多岁了，他还开飞机送自己去医院做一个大手术。这些故事里任何一个都像是传奇。

传奇的主角年轻时候就开始修炼瑜伽，跟随东京一位禅宗大师修行，用其中的义理解释工作："对于所演奏的作品，我们都把意念集中在同一个谜,即它的要旨上。每次练习我们都集中注意这个谜。我们接受它,就像天主教徒接受奇迹一样。"

尼采在1882年前后谈到过"在我们的时代,各种成就只有借助于一种反响才能获得它们的'伟大性'——那就是报刊的反响"。哲学家清楚地意识到大众传媒的影响。随着大众媒体的发展变化与文化的工业化,数字化技术提供了声音和影像的新介质,可以超越音乐会的现场限制,把音乐传递到全世界。音乐领域的成名模式也由创作转变为表演。20世纪的著名音乐人是那些工作过程具有视觉效应的角色:指挥、演奏和表演者,而不是像前一个世纪那样,由作曲家占据更高的位置。卡拉扬恰到好处地利用了这一机遇,将其威力发挥到极致。比卡拉扬年长的理查·斯特劳斯,瓦格纳的当然继承人,是以作曲家和指挥的双重身份成名和传世的。专业人士对他评价颇高,但他没有卡拉扬那么大的通俗名气。卡拉扬了解自己的成功并对此颇有信心,唱片销量超过一亿完全是成功的标志,虽然这个数字并没有能够像他期待的那样使全体乐评人士闭嘴。

卡拉扬比自己所有同时代人都更懂得如何通过现代媒介传播他的工作,他获得充足赞助创办了萨尔茨堡复活节音乐节。通过在20世纪的古典音乐传播中有效的工作,卡拉扬把自己的名字列入音乐的象征价值清单里,使这一影响随着时间不断蔓延。

意志的胜利

有一些事情显示了卡拉扬不同凡响的坚强意志。EMI制作人瓦尔特·列格曾经回忆他与卡拉扬的交往,在卡拉扬职业生涯最困难的时期,"维也纳爱乐给我打电话告诉我俄国人已下令禁止卡拉扬登台,音乐会也取消了。我赶紧给卡拉扬挂电话,说这消息遗憾之至,问他是否愿意跟我共进午餐,我们好好谈谈这事。卡拉扬说很抱歉,他正要睡觉,但下午四点可以见我。就这样,下午四点我到了约定的地点。我知道当时维也纳物资供应奇缺,特地给他带去了一瓶威士忌、一瓶杜松子酒和一瓶雪莉酒。多年后他告诉我,那晚我走后,他把每瓶酒各分成 30 份,从第二天起的 90 天每天享用一份,当晚则尝都没尝一口……他这个人就是如此,意志如钢铁般坚强"。

"他的居住条件差到极点,在一座街区的公寓八楼上同一个不相识的人共住一个房间。我们开始了交谈。我试图把谈话引向业务讨论,但他却明显地只想闲聊。很可能因为他已有太长时间不曾与人交谈了……我们差不多天天见面,关于合同的谈判延续了 6 个月……他并不急于签约,尽管他既无钱又无工作,甚至连工作的可能性都没有。我从未见过任何人能像他那样,处在那样的境况下内心仍那么宁静、那么泰然自若。"

在日后执掌柏林爱乐的过程中,卡拉扬同样表现了出人意料的从容不迫。作为一个从指挥学校乐队、小镇剧院乐队起步的青年才俊来说,从 1938 年卡拉扬首次指挥柏林爱乐算起,他独据柏林爱乐的野心过了将近二十年才终于实现,而获得一份他所期待的合约又花了十二年。当然这一水乳交融的关系持续了差不多二十五个年头,虽然最终没有像他所期待那样是"终身的,99

年也行"。卡拉扬曾经谈及指挥家的教养，认为天资、勤学和苦干精神都是事业的必备条件，并得出结论说"现实生活中，极多的人都没有毅力坚持、学习，还有等待、等待、再等待……"。

卡拉扬控制自己情绪和身体的能力也是令人望尘莫及的。在决定接受颈椎手术前几天，他还在指挥维也纳爱乐排练，准备为勃拉姆斯的《德意志安魂曲》灌录唱片。当时的年龄对他来说是一个极其严峻的考验，得知消息的少数几个人都相当震惊，但卡拉扬是如此镇定，他决定通奏全曲，将《德意志安魂曲》未做任何停顿地从头演奏至尾。现场的人被音乐深深地陶醉了，一个个凝神屏息，仿佛在座位上生了根。演奏结束，厅内一片沉默，卡拉扬放下指挥棒，径自走了。

作为指挥的卡拉扬展示了职业需要的要素：气魄、专业能力、意志。因为"这是艺术创造的一种独特的体制：一个人被赋予几乎是无限的权力总管一切，包括演员、歌手、预算、计划和节目。别的任何领域里哪会有这种情况发生？几乎别的所有行业里，领导也得受制于人，诸如委员会、董事会、监察员、工会等。一个人受到如此信赖，这在我们这个时代恐怕是最后一遭了。当然，这种领导原则也有其弱点。希特勒不是自称为'元首'吗？所以这个词也有招人讨厌的一面。这是个令人生疑的词。当人们意识到某人要按他的意志行事时，他们就常会变得多疑。领袖——独裁。如今，表达自我的强烈意愿往往容易招致批评。人们似乎不敢坦率表达自己的意见并靠自己的实力去实现它。但在纯艺术领域这种原则是有价值的。必须有一个人表达意见，否则不可能有伟大的艺术之作产生"。

投机者：纳粹经历

曾经的纳粹党员卡拉扬在"二战"后一段时间被禁止工作。卡拉扬自己对入党的解释是为了获得工作，是为了音乐生涯的一种权宜做法，但是一个细节动摇了他的解释。一些文件记录显示卡拉扬入党完全不是他所回忆的那样，1957年，保罗·莫尔发表了一篇名字很不友好的关于卡拉扬的文章《投机者》，文中透露卡拉扬的入党时间是1933年。

25年后，德国音乐研究家弗雷德·普里伯格在其著作《纳粹执政的德国音乐》中重又披露了有关文件，证明卡拉扬"双重登记"参加纳粹党一事，所提入党日期以及党证编号均与1959年的发现相符。卡拉扬迅速地对这一公布文件的做法作出了愤怒的反应："简直是捏造，我根本就不屑谈论此事。荒谬透顶，普里伯格写这种玩意不过是为了赚钱。"

几个月后，卡拉扬的传记作者亲自到柏林档案中心弄到了那些文件，包括那两份党员登记卡的复印件。卡拉扬首先问了来源，对这种东西居然可以随便外传表示气愤。作者是这么描述的：他接过文件，用警觉而好奇的目光凝视片刻，再把它们拿到灯下以便看得更清楚。"哪儿有我的签名？"细查了几秒钟后他问，"这些东西并无签名，看见吗？"我问他是何看法，他耸耸肩，瞅着我道："全是假的。"（纳粹的党员登记卡本无签名，是由官员填写的。）

他坚持说他加入纳粹是在1935年，一口咬定他加入纳粹党的目的是为了保住职业：他所谓上帝赋予他的创造音乐的使命。卡拉扬的固执也包括他的哲学思想。他宁可被枪毙也不会为自己所做之事道歉。但他却要求把他的入党日期改掉。

有两位在各自专业领域可与卡拉扬声誉媲美的德国名人——里芬斯塔尔与海德格尔，和卡拉扬经历了类似的过程，他们和纳粹的亲密程度与卡拉扬不同。几乎每一次被提及，里芬斯塔尔在纳粹时期接受过希特勒委托摄制影片的经历都要被重复，她的专业成就不能承担洗刷功能。海德格尔一直为自己在1933—1934年任职纳粹德国大学校长的经历付出代价。他也收到困难时期的外来礼物，是马尔库塞从美国寄来的食品包裹，以及与这个包裹一起到达的一封要求老师公开表示政治忏悔的信。海德格尔回答了这位最著名的学生的委婉指责，将包裹分给"既不在党内又与纳粹毫无瓜葛的从前的学生们"。海德格尔说："你说得很对，我没有提供一个公开的、容易理解的反声明；它本来会是我和我的家庭的目标。在这一点上，雅斯贝尔斯说过：我们继续活着是我们的罪过。"后果是这对师生的彻底决裂。29年以后，海德格尔去世了，马尔库塞在他曾经常去的书店里留言："纪念海德格尔直到辞世所具有的令人惊叹的自尊，但愿我们也能体面地带着尊严、清晰和宁静变老。"

卡拉扬应该深知和纳粹有关系的后果，这意味着在漫长的时间里被质疑，意味着在权威记录比如《牛津音乐词典》里篇幅的缩减和评论的降级，意味着被放置在一种不容置疑的价值的对面，这一界线被阿多诺刻画得格外清晰。"奥斯辛威之后，写诗是可耻的"。在这个意义上，海德格尔和卡拉扬没有普通人的身份可以回避，因为没有谁能逃避这覆盖一切的定义。

在德意志文化传统中，哲学解释艺术与美，而现实生活当中不同领域的分野并不像今天这样清晰。卡拉扬的固执与海德格尔神似，可以追溯到尼采、叔本华的思想。尼采青年时期在慕尼黑期间认识瓦格纳，理查·斯特劳斯写过音乐诗剧《查拉斯图拉如是说》，虽然其内容与尼采的哲学著作没有对应关系。无论以什么样的方式经历20世纪中期的巨大劫难，这一现实同样也是令人为难的哲学问题，也许只有死才能解决，活着只能是罪过。

卡拉扬战后带领柏林爱乐第一次访美演出时，在巴尔的摩，开演时仅有二十五位观众在座。卡拉扬登台了，向观众致意后，他作了一次难得的演前致辞："我非常清楚，这是我指挥生涯中听众最少的一场音乐会。听众最少，但却是最了不起的。你们不受宣传的影响来到这里，我知道你们完全是为音乐而来，我们将把精美绝伦的音乐奉献给你们。"

白求恩的三面与二十世纪的革命理想

三张黑白照片记录了白求恩生命最后阶段的形象：站在手术台前，正在手术。这是白求恩最为经典的形象，作为一个医生被铭记至今。由沙飞、吴印咸和罗光达拍摄的三张照片重聚在一个图片泛滥的读图时代，以复调的方式，再现一个英雄榜样的起点，及其图像符号的来源。

非专业的年轻一代在观看这些照片的时候可能意识不到三张照片背后的故事，比如摄影师们不同的命运，照片差异巨大的流传经历等等。这些要素固然影响解读，但未来的观众们，离事件的现场越久，越可能以纯粹读图的形式接收图像获得印象。这时仍然可以通过其中的内容与细节发现三张照片记录的几乎是同一场景、人物，内容几乎完全一致，照相机所在位置也相当接近。然而出自不同摄影师的照片，却大有差异：第一张沙飞的照片，焦点除了白求恩大夫以外，还有手术台上血肉模糊的躯体，手术视野被特别强调，令人感到触目惊心；第二张吴印咸的照片，因为同一画面邮票的发行而最有名，也是细节最丰富的；最后一张罗光达的照片中，虽然手术牵涉的人物不止白求恩一个，但其他的形象都隐藏在屋顶的阴影里，看不清楚。

三张照片带给观众关于同一事件不同摄影风格以及不同的时间体验。第一张沙飞的照片聚焦于手术视野，所展示的局部陈述了细节，因而冲击力最强。如果试图对这张照片进行描述，很可能是进行时态的"白求恩正在手术"。第二张吴印咸的照片更像是在讲述一个事件，是叙事性的：因为构图的原因，手术台和伤员占据的位置没有那么显著了，正在手术的医生，身体弯曲成一条完美的曲线，似乎是叙事美学的修辞隐喻。这张照片讲述的是白求恩做手术的事件。而第三张罗光达的照片对准的是同一个场景，其结果却与前面两张照片有非常明显的差异，人物形象的详略通过光的调度被对比得很清楚，似乎呈现的是目睹此时此事的一种印象，即关于白求恩手术的记忆。

我们之所以知道白求恩，其中一个原因是毛泽东的评价。在《纪念白求恩》一文里，毛泽东一连给出三个定义，说白求恩是一个高尚的人，一个纯粹的人，一个脱离了低级趣味的人。这些抽象形容词共同指向一个欲加褒奖的人，将其确定为一个模范。同义反复的形容词所针对的只是牺牲。后面这个名词，即形容词后面这个"人"，白求恩作为人的存在，他是一个什么样的人，何以成为一个这样的人，才是口号后面更能为今天的人们所理解的途径。白求恩不是单面的人，一个无私奉献的医生；他有丰富多彩的生活，多面的形象，至少可以抽取三种主要面目进行分析，即作为病患的白求恩、作为艺术家的白求恩以及作为医生的白求恩。显然，这三种面目以及其后联系的三种特质，在他的个人生涯中起了巨大的作用，是在外界因素之外将其推向牺牲的内在动力。

一、作为病患的白求恩

与其作为医生的显赫声名相比较，可能较少有人知道，白求恩曾经也是一个康复希望渺茫的重症患者。他一生当中所遭遇的疾痛困扰，和常人一样，来自身体与精神；或者说，生理与心理。一方面是表现为躯体症状的疾病，白求恩曾经在1926年发现自己得了肺结核，那时他才三十多岁，事业发展得很顺利，但家庭生活有些问题。当时肺结核还是可怕的疾病，一直到40年代链霉素被发明以及比较广泛地应用于治疗之后，死亡率才逐步降低，使结核病变成一种不是那么令人惊恐的疾病。因为疾病，白求恩不得不中断了自己在底特律的职业生涯，到一家疗养院进行疗养。这个过程持续了一两年，白求恩从医生变成住院病人。

在疗养院里，白求恩和同住的几个病人恰好都是医生，他们都认为自己快不行了，生命即将终结。白求恩在整个患病的过程当中，就像他一向以来的表现，凡是认识他的人都评价他非常勇敢，能够面对现实。他之所以能够康复，很重要的原因是勇敢尝试。虽然所在的疗养院倾向于卧床休息的保守疗法，但白求恩研读了专业文献，非常激进地要求一种人工气胸的疗法，因为风险大这一疗法还很少使用。因为他不断要求，院方开会讨论后才冒险给他实施这种手术。勇敢的病人白求恩，即使整夜整夜大声咳嗽、痛得睡不着觉，却还担心会影响到其他人，自己要求在疗养院的房间过道上休息。剧痛原因经检查发现是手术失败，他要求再试一次。结果是令人欣慰的：在接下去的持续治疗中，他康复了，比自己预期得更好也更快。

疾病给白求恩的生命带来了巨大的影响，不仅影响了他看待身体的方式，也影响了他看待社会的方式。肺结核这一疾病有其社会性，与公共卫生状况与社会空间分配有密切关系，恶劣的环境卫生条件、营养不足的生活状态都会成为诱因。医生思考肺结核这一疾病的诱因、症状和治疗，有时候会观察到社会学家所思考的问题，例如人群的健康状态差异，可能是社会资源分配失衡的后果。对这些问题的思考显然对白求恩转变为社会主义者和共产党员起了推动作用。

另外一条线索是他内心的经验，在面对现实困境时的精神状态。我们今天经常用"抑郁症"和"抑郁症状"来指代一系列精神或心理的危机状态及其躯体表现，正如上一代的临床医学系统中使用"神经衰弱"来指代一系列精神和躯体症状。专业词汇的更换后面，是一个又一个具体的被病痛折磨的个人；从前的白求恩一直受到来自性格方面问题的困扰，也可能是精神问题，不仅有家族病史，也有显著症状。他曾经有很严重的酗酒问题，在中国期间，因为酗酒，他有的时候还会给自己注射吗啡，跟他合作的布朗医生对他有一些不满意的看法。白求恩的举动会使一些像布朗这样更遵守规则、更严谨的一些医生产生不同的评价。

成长的过程留给白求恩一些难以消除的烙印。他的家族其实非常有来历，应该也可以说是加拿大的望族，据说关于这个家族的记载从公元九世纪就开始了。白求恩在很小的时候就有一个未来的目标：像祖父那样，成为一个很有影响力的外科医生。但很不幸的是他祖父也酗酒成性，给下一代留下很多的问题。白求恩的父亲就深受其害，他母亲的家庭也有酗酒成性的成员。父母都背负着同样的阴影，当他们两人决定在一起的时候，立下了许多严格的戒律。白求恩在童年时期就面对严厉的父亲母亲，以及需要遵守的严格的清规戒律，这没有将他变得顺从懦弱，而是激发了他的反抗精神。原生家庭对个性形成有极大影响，白求恩在成年以后的职业生涯当中，很多次跟与其合作的医生或机构发生过冲突。关于这位著名的医生的传记，加拿大人罗德里克·斯图尔特与莎朗·斯图尔特写的《不死鸟：诺尔曼·白求恩的一生》里采集了许多来自档案记录和当事人访问的往事，从中很容易发现，这位医生并不习惯与规则和习俗和睦相处。

这两条线索追寻起来是很有意思的，但因为这些故事都发生在二十世纪早期，我们只能在事后根据传记记载中不同的讲述者对白求恩的印象，来推测他的情况与症状。就像普通人一样，白求恩也会遭受疾病的折磨和命运的考验，他所承受的问题可能来自生理方面，也有可能来自心理方面。为什么白求恩后来会成长为有社会主义倾向的人，最终成为一个共产党员，并且在他整个的职业医生生涯中，特别关注那些弱者、穷人、孩子，都很可能同他自己的经历相关。

二、作为医生的白求恩

当然白求恩最重要的社会身份，并不是病患，而是职业医生。白求恩在加拿大和美国一些城市学习和执业过，应该说是成功的。在职业生涯中，他偏好狂放风格的外科手术，注重速度，并不严格遵守戴手套等重要的手术室规则。当面对手术患者死亡率的问题时，他首先想到的应对措施不是检查无菌操作等程序，而是在动物身上勤练以加快动作速度。违背规则和反抗秩序，与革命气质类似而程度不同。从西班牙革命战场到中国革命战场，战地救护，是最适配这种风格的工作。

白求恩很喜欢动手，曾经发明了很多手术器械，其中绝大部分都是他跟加拿大的一家制作手术器械的公司合作生产的。有一种肋骨剪，是他受到鞋匠修鞋子的剪刀启发发明的，直到现在还在应用，这可以说是他所有发明当中应用得最多的。在中国进行战地救治的过程当中，他还发明了一个装运手术器械的工具，灵感来自华北农村农民们搬运农产品的方法，在骡子背上放一根横杆，一边挂一个篮子。白求恩按照这个原理也做了一个专门来运送和储藏手术用品的工具，篮子用抽屉替代，可以分门别类放置手术用品，使他实行尽可能靠近战场进行救治的理念有了更好的技术支持。他给这个设备起名叫卢沟桥。沙飞拍摄过一些当时战地医院自制医疗用品的照片，当时的条件的确极其艰苦，器材和药品都极其来之不易。

作为一个医生，白求恩很有创造性，并不属于按部就班工作的那一类别。这种印象来自他的传记，斯图尔特夫妇访问过大量认识他的人，包括朋友与家人，以及从前的同事与合作伙伴。由于个性方面的特点，使他成了一个特别喜欢往前冲的人。在不算漫长的整个职业生涯中，白求恩的任何一份工作持续时间都非常短。由于种种原因，他不断地更换城市和工作机构，而他与别人的关系，以及各个女朋友之间的关系，也处在非常快的更替状态。刚开始职业生涯的时候，人们对他的印象是有点不拘细节，同医生这个行业要遵守各种要求、注重细枝末节的严谨有差异。

这为后来的悲剧埋下伏笔。在外科手术的发展历史上，消毒术的发明非常重要，在手术的操作之前和中间，医生需要确保无菌的防护，包括使用无菌手套，保证手术室的无菌环境。简陋的战地环境，进行手术的开敞小庙，完全不可能达到手术室的要求；个人防护方面，在沙飞的这张照片上我们甚至还能看清白求恩手上的皮肤和汗毛。吴印咸的这张似乎是戴上了手套，有一点点褶皱，协助他的几个人至少头上戴了有十字标志的手术帽，穿上了手术衣。手套这个细节很重要，决定了感染风险的高低，白求恩去世正是因为手指受伤而引发感染。诸多关于白求恩的回忆里也提及手套，中国人都怀着对英雄的敬仰之心，陈述为物资匮乏而无手套可用，白求恩不顾自身安危仍然冒险手术。这类说法属于英雄形象再生产过程，支持医生的高大形象不容置疑。但这并不是他在处理最后一个病人的情形，实际上，在此前写给北美一些朋友的信件中，他已经提到自己身体状况非常糟糕。他有两处反复感染，一个就是手指头的这个伤口；另一个是因为他营养不良，导致脚趾不断感染，还被施行了一个小的手术。

白求恩执行的最后一台手术是在1939年的11月1日，这天本来是他预计要启程的日子。他已经请了假要回加拿大休养一下,希望回去补充家乡的食品和营养。白求恩为此已经做了准备,还写了一封信给那边的朋友,说太渴望知道朋友们在当地正常的生活是什么样子,他已经很久没有用母语和周围人讲话。他还提到不知道在家乡躺在洁白的床单上是什么感觉。但这封信末尾他补充了一句看起来充满不祥意味的话,他说这一切即便是得到,大概也没有什么意义了。

根据聂荣臻的安排,白求恩本来应该是动身,经过云南,从香港转往加拿大。但他在这一天并未出发,而是继续施行手术,最后又为一名感染丹毒的病人治疗,这个病人感染了他,病情发展得很快,几天后白求恩就去世了。在战地手术的时候,遇到严重的感染可能需要截掉手指来控制发展,如果不这样及时阻止,整条手臂都会感染,然后蔓延到全身。当时周围的人问是否需要截肢,虽然已经接近神志不清,白求恩还是拒绝了这样的处理,他失去生命也不能失去外科医生的手。最后他像一位战士一样离开了。

生命终结的11月对于白求恩来说可能也是一个特殊的时间。因为他跟他的离婚前妻第二次婚礼挑的时间也是11月11号。这一天是"一战"结束11周年的纪念日。白求恩很可能骨子里是一个有战斗精神的人。他参加过两次世界大战,虽然在"一战"中只做过一件重要工作,就是发现了一场流感而他自己也被感染。白求恩有着很丰富的部队生活的经验,陆军、海军、空军他都待过。他还获得过伦敦儿童医院半年的实习机会,这是他凭在海军的关系获得的推荐。

人作为生物性的存在都是有限制的。只有声誉可能传播，超越生物存在的时间限制，流传到更远的时空，甚至可能不朽。成为英雄而不朽，对于有雄心的人而言，不仅有感召力，还是一种强烈诱惑，值得放弃现世的安稳，值得以巨大的牺牲去追求。但即使这样做了，也不一定成为英雄而不朽。

　　为什么白求恩成为英雄？毫无保留的献祭式的牺牲，最后的壮烈之死是非常重要的原因。从个体的角度来看，和白求恩的艺术气质也相关。他本身也是一个热爱艺术的人，并且身上有很多典型的艺术家特点。如果不是尝试艺术道路行不通，他可能会经历完全不同的人生。

　　在很小的时候，他就在自己房间里挂上一个白求恩医生这样的牌子，这是祖父的身份，也是年轻的白求恩的理想。另一方面，白求恩是一个艺术青年，像许多艺术青年一样，他不是很擅长学习语言，这一点他很早就发现了，可能比他发现他自己的艺术天赋还更早一点。白求恩在多伦多大学入学考试的时候，中间有很多波折，其中就包括他的好几门外语都不过关。比如德语好像有两种课程，其中一种简单一点点，他还进修过这一种但没有通过。比如法语，他们家祖先还是法国的，他也是考了两遍才通过。而且白求恩语言学习能力的欠缺还影响到他的职业工作获得认同和肯定。他在西班牙内战中做了很多战地救护工作，努力寻求资助，还主导建立了当地一个输血所。但并没有得到他所期待的承认，甚至几乎是被排挤被迫离开西班牙回到加拿大。我们也可以这样理解，这也许是因为他不擅长学习语言，难以和当地人直接沟通。加上白求恩有个不切实际的想法，觉得如果人们尊重他的话就应该去学习他的语言，这也会影响他和其他人的交流。同样，他来到中国，中文对他来说可能比法语和德语更要困难，他也没办法直接用中文和人沟通。

所以在中国的最后一段时间，除了作为一个外科医生去解救他人，白求恩生活中几乎没有别的内容。高质量的信息沟通是维护健康的重要社会支持，现在缺失了，他只能写信给远在万里以外的亲友，现存的照片里有一张记录了白求恩坐在一张中式桌子前打字的情景。他曾经写了一封信给北美的朋友，提到他多么希望有一个收音机可以听到英文，最好再有一个汉堡三明治。可以说，白求恩是在一种精神与体力双重透支的情况下度过了自己生命中的最后一年。大概在1939年早一点的时候，林迈可给他拍过一张照片，照片上的白求恩同别人对比起来已经非常消瘦，看上去比实际年龄要老好多。他去世的时候是49岁，但在《纪念白求恩》中开篇就写道，白求恩大夫五十多岁了。那么他给毛泽东的印象就是这样一个五十多岁的老头。

三、作为艺术家的白求恩

白求恩曾经在英国待了一段时间，这期间发现了自己对艺术的兴趣和天分。他有过很多创作，其中一件是他患结核病期间完成的，画纸据说是他从洗衣店里面拿到的，纸很宽，将近一米五，他画了九张画，加起来大概二十米长。白求恩的父母都是虔诚的基督徒，在童年时教育他如果不按照上帝教诲的方式来生活就会受到死后的惩罚。这幅作品就是描述了他对于疾病和惩罚的看法。从内容和出现的时间来看，这件作品对于白求恩来说是很重要的一件，也许还起到辅助治疗的作用。在创作的过程中他梳理了自己的思绪，在痊愈之后就好像凤凰涅槃一样，清楚地意识到在未来人生里，要以奉献自己为重要的自我要求。

第二个艺术事件发生在1935年左右。白求恩跟蒙特利尔的一班艺术界的朋友参观绘画展览，有人说这些参展作品只有大师才能画得出来。白求恩很不以为然，说自己也能画。他就跟那人打了一个赌，自己画了一幅名为《午夜急诊》的画，描绘医生在午夜为急诊病人动手术的场景。这幅画不但入选了蒙特利尔的春季展览，还得了奖。

此外他曾经画过自画像并且赠送给他的一位女朋友。白求恩有一位对他影响比较大的女友，她也是一位画家，很有左派意识。画中的白求恩头发浓密，两眼炯炯有神，表情坚毅，拥有几乎呈三角形的两道剑眉；他还送过这位画家女友另外一幅有趣的小作品，把自己画成小黄人，躺在床上，是他患黄疸病时的创作。这些自画像表达了白求恩的自我想象，他希望对特定的人呈现的特定时刻的自我。绘画语言成为沟通手段。

三种面目在白求恩生命中彼此交织，构成这个人的独特个性。

在现实生活中，医生这个职业容易令人联想的形象是沉稳可靠，愿意遵守规范，大多比较循规蹈矩。这与医学专业化训练和职业内容要求相关。与众不同的白求恩医生，行为状态更接近于布迪厄所说的那种作为艺术家的策略性的落拓不羁。这些艺术家气质很可能推动白求恩的极端热情，在职业道德上最终成为救死扶伤的楷模。由于毛泽东的文章以及后来的高强度宣传，他在中国产生的巨大影响是自己可能都无法想象的。白求恩是外国人，但却是全中国知名度最高的一个医生，对他的形象宣传以及类似宣传模式的沿用，影响了人们对一般医生的基本期望，即默认医生应当以自我牺牲的姿态救死扶伤。这等于要求所有医生都不计较自己的付出，心无旁骛，无私奉献。显然只有全无牵挂，没有任何其他社会关系需要负责的人，才有可能达到这样的标准；即使是白求恩，也只有在中国战场的短短一两年，才处于这样的非常状态。

当时白求恩来中国的时候并不是一个人，还有另一位医生，以及一个女志愿者。但这个志愿者很快就失散了。白求恩没有家庭，没有娱乐，因为语言不通，也几乎没有人可以深度交流，唯一能做的事情就是治病救人。白求恩在战场上完全抛弃了他在和平年代行医时的世俗做法，比如对待病人过程中讨价还价；战场上医生奇缺，也没有人来评论手术的成败，每一个被救治的伤员，都构成一个生死交界处的奇迹。这是一个战时的非常规的状态，新中国医生形象传播的起源就在这里，献出鲜血和生命的白求恩成为医生的典范。当人们长期习惯于这种无私救人的宣传，把这种期待代入到和平年代患者和医生之间的关系当中，显然影响了双方之间的理解与沟通。

在今天,借助白求恩最广为人知的影像形象展览,重温白求恩丰富多彩的生活,了解一个英雄的长成过程,具有新的意义。白求恩,一个曾经有过梦想和过人激情的人,可以帮助我们理解作为个体的人,包括医生同行们和我们自己。如果人们能普遍认知到医生大部分是普通人,校正期待,患者与医生的沟通会更有效;另一方面,如果意识到在遭遇病痛等挫折之后可能开启新的人生,犹如凤凰涅槃,对于普通人来说也将成为强烈的激励。这也是从前的英雄白求恩对今天的现实一大开放性的启发。

原载唐昕主编:《白求恩:英雄与摄影的成长》,香港三川出版社,2016年。

关于日常书写

书写一词最初指涉的只是笔和纸构筑字词的事件，随后其含义逐渐延伸包含了写作与绘画。然而书写很容易让人联想到某种私密状态：在宁静的房间里，独自一人。这也许是从弗吉尼亚·伍尔芙的书里得来的印象，她曾经说过，有一间自己的房间才使写作成为可能。她指的是女人，女人要想写小说，必须有钱，加上一间自己的房间。

伍尔芙提醒我们，那些杰出的小说，《维莱特》《呼啸山庄》《简爱》都是一些足不出户的女子所写，她们的生活经验仅仅限于一个体面牧师家庭的日常生活，而且这些事情都是在家庭共用的起居室里写出来的，她们不仅只能一次买几叠稿纸，还需要小心谨慎不让来来往往的仆人、访客或其他人疑惑自己所做的事情。简爱因为老是爬到屋顶上眺望远方的行为受到责骂，这似乎透露了夏洛蒂·勃朗特以及当时其他一些女人，内心里也充满对远方的向往，当时她们既不可能乘马车穿越伦敦，也不可能去餐厅独自晚餐。

一间自己的房间：这意味着书写需要屏蔽，从他人的注视当中脱离开来。也许可以面对窗外的自然，一江春水，如薛涛的望江楼，或一池涟漪，芭蕉修竹，像江南古典园林里所有的屋子，比如《红楼梦》里三姑娘探春的屋子。"探春素喜阔朗,这三间屋子并不曾隔断。当地放着一张花梨大理石大案,案上垒着各种名人法帖,并数十方宝砚,各色笔筒,笔海里插的笔如树林一般。那一边设着斗大的一个汝窑花囊,插着满满一囊水晶球儿的白菊。"这屋子比黛玉的屋子更不像是闺房,假设吃醉酒的不是乡下来访的刘姥姥,而是一张黑脸善写狂草的张飞,跑到其中来起舞挥毫,似乎也并不会感到局促。

宝姑娘宝钗能写出好句子叫大家都服气,一片小小柳絮也可以"好风凭借力,送我上青云"。她的蘅芜院却"雪洞一般,一色玩器全无,案上只一个土定瓶,供着数枝菊花,并两部书"。大概极少主义的装饰风格最没有局限,联系着青云直上的想象?

适合月下读书的潇湘馆,几杆竹子隐着一道曲栏。比别处更觉幽静。黛玉在临窗的书桌上,许多次书写。她模仿宝玉字迹替他写作业,还写了《桃花行》来重启诗社,没有署名的长诗有她一贯的悲伤调子,宝玉看了泪流满面。她还在夜半起来,题诗在宝玉遣晴雯送来的旧手帕上,在不可能示人的书写中,"尺幅鲛绡劳解赠,叫人焉得不伤悲"成为最直白的自我阐释。一场还泪故事里,传情达意都卷在书写事件层层叠叠的纹路当中,越是深入,越是宛转迷离,不得归期,不记来路。

闺阁里姑娘们不是都爱吟诗作词,也有喜欢画画的惜春。她被指派画大观园,这样她就可以告假不参加诗社了。但惜春最喜欢的事情是老祖宗派的抄写《心经》的工作,她说,别的我做不来,若要写经,我最有信心的。她要皈依佛门,在青灯古佛中了结余生，在书写的选择中早已露出端倪。

大观园里的日常生活，正是中国文人自我实现的形象表达。这是理想无忧的生活，赏花观鱼，舞文弄墨，吟诗作画，把自然变成玲珑，将自我推衍无边。古老的过去，淹没了又重现。但日常早已更替为节奏紧密的时刻表，当古老式样的家具开始复兴，进入新建筑式样的家庭，什么样的日常书写正在进行当中？

当然，人人都知道，现在书写可以借助电脑来完成，打印出来的论文，电子邮件里的文字，再也不会泄露书写是否工整好看。校园里的日常书写可以塞下相关的内容，比如论文、文章、评语、电子邮件。我问了好几位知名的学者如何"书写"，他们直接的答案都是用电脑写……但在知识分子成群处偷偷观察，看到有人报联系方式报出传真号码，还用这种方式收发信件；有人可以在现场用笔飞快写出一堆评语；有人则一脸无辜的表情，号称离开电脑写不出字来。我最喜欢最后这个宣言，小心地使用，就可以隐藏字迹的难看。

电子设备已经取代了笔墨纸砚，个人书写从一只手握笔变成两手一起敲击键盘，书写一词的起点，仍然是纸和笔，仍然保存着对过往日子的联想。也许因为过去30年，是快速发展的时代，我们在其中经历了不充足的文具供应，经历了多种铅笔、钢笔、签字笔以及其他文具从少到多的过程，经历了电脑语言输入软件的发展，日常的书写已经与电脑这一网络终端密不可分。我们很容易写，多种可选择的即时通讯软件消除了距离障碍，把交流变成短促的文字往来。从博客到微博，网络传播的趋势对应着越来越短促的注意力。

随身的书写装备也在变化，当我们需要记录信息的时候，多半不是拿出一支笔和一个便签本，而是打开移动电话的记事本功能。文具也出现奢侈品牌，比如针对男性成功人士的钢笔，设计和销售都特别考虑到赋予产品类似珠宝一样彰显财富的功能：男人的日常使用，更多在文件上签名，是仪式化的权力表达。

签名成为日常书写最频繁出现的形式，某个人借助签名表示在场，表示同意认可，并且在签名中不由自主展示出自信、局促、轻松、紧张以及其他状态。围绕签名产生了专门的服务内容，每个人签下的名字，可以经过设计而变得好看，然后为自己赢得好感。

还有属于书写者的签名，做为一个作者，可以把自己写的书题赠给他人，在扉页上写点字，或者仅仅是签名。收集签名大概也有点乐趣，书店里签售活动总是有人排队，读者捧着作者的书，充满期待。他们不会被拒绝。这是对书写最直接温暖的回应。

传统的书写还在被运作得适合观看，成为事件广泛传播，比如周氏兄弟在达沃斯经济论坛开幕式上的创作表演。书写可以具有观赏性，又传统又独特，看起来比歌唱与舞蹈更高雅，所生产的作品还可以永久保存和流传。

在漫漫旅程中，我们总是会有些手写的字迹的收藏。年少时候收到的信，讲述着幼稚纯真的梦想。曾经相信有一天会实现的愿望，不是实现了而是不要紧了。喜欢写作的更多是少年，写的都是忧伤和哀愁，少年的烦恼，那时节都在一个调子中，为赋新词强说愁。背着书包在校园里来来往往的年轻人，还喜欢买美好的信笺，写美好的信，不知道自己正在青春年少，却把一生要写的纸信快要写完了。

　　有一次旅行到了遥远的喀纳斯，湖光山色之间有一所小小的邮局，专设给人们寄发明信片。那一天晴雨交织，忽冷忽热，邮局没有什么人，坐在屋外的长椅上，想了许久，也不曾想出词句，可以令这片刻书写风华绝代。寄出的明信片，仿佛时光中脆弱的线索，联系着或轻或重的惦记。云中谁寄锦书来？也许只记得雁字回时，月满西楼。被书写所牵动的，有多少文化的乡愁。

广告景观

老广告中的时光印迹

1914年,一家名为"白礼氏"的洋烛公司发布了八仙过海主题的年历,是为了推广公司的产品。公司和公司委托的画家可能都没有想到,这幅年历画在一百年以后会和其他前后年代的类似年历画一起,作为现代中国早期广告的主要形式,在中国广告博物馆展出。

这幅画中有一条船载着传说里的八仙,从波浪荡漾的水中驶向河岸。岸上有人群正在注视着他们,其中寿星老头儿挂着他标志的龙头拐杖,坐在岸上栏杆旁最好的位置,带着官帽的两个男人侍立在旁。一轮红日从远方的水面冉冉升起,仙鹤从日出的方向朝人们飞来。

一百年以后的2014年,以"浮光掠影 广告流年"为主题,中国广告博物馆进行了开馆展暨赵琛藏品展。百年以来的年历广告,内容从传统到现代。通过20世纪早期的年历内容,不仅能够得知当时的广告形态,还可以了解现代中国早期的商业形态。

对于无论是当年家庭里的还是今天博物馆里的观众来说,这一场景都描述着一种有生气和有希望的情景。所有的象征都是吉祥的,尤其是各有神通的八仙并不是自行过海,而是集合在一条船上集体前来。船的行进方向是岸,但是八仙和岸上迎接的人们都朝向年历画的观众。很显然，年历画里，八仙前来愉悦寿星和人们；年历画外，画里的人物集体为了愉悦观众。

其中唯一的女性何仙姑站立在船尾，执掌着船桨。虽然这幅年历画均衡地分配了群像的重要性，仍然可以看出何仙姑是画中最重要的焦点：她的站立姿态、手握的船桨，意味着对船的行进方向的执掌。这些细节透示出广告传播中使用最多的奥秘：有魅力的女性形象。

这些女性形象几乎都在力图表现一个重点：魅力或美，令人赏心悦目。年历中的典型女性形象有两类，一类是古代仕女，一类是20世纪早期的上海当代女性。她们的区别主要表现在服饰和背景上。前一类古代仕女云鬓高耸，发髻上插满饰物，身着长裙，除了脸和偶尔可见的手执团扇，她们身体的其他部分都在衣裙包裹中。仕女们除了手执团扇，有时候还怀抱琵琶，执拂尘，或者斜倚古琴。后一类当代女性，生活在中国20世纪早期最时尚的商业城市，吸收了许多外来信息，在当时建立的时尚形象中，女性发型变得简洁，饰物减少，短发很常见，但经过精心烫染，显然发型仍是女性形象塑造的重点。

年历画中可以观察到一些20世纪早期的服饰变化。时尚女性的裙子和袖子逐渐变短，除了手，小腿和手臂也可以露出来了；在形象表达方面，女性身体曲线得到展示（1933，1934，1935）；女人微笑的时候，逐渐露出了牙齿。时尚也在发生变化：缠足被废弃，缠过的三寸金莲消失了，裤装出现了，高跟鞋出现，甚至还成为画中的主题。女人开始佩戴手表；火车也出现在市景里，构成街市繁华的主题。

女学生这一新的时尚女性身份也在年历画中出现。在"美国葡萄干公司"发布的年历画中，两个女人打扮得很精致，衣服、裙子和裤子上都有繁复的花纹，她们带着雨伞，拿着书和围巾，令人很容易联想到上学堂读书的新女性。这似乎是"美女牌"葡萄干传播信息的本土化尝试，在年历画右下角出现的葡萄干包装盒上，可见截然不同的西方女性。由于当时西方女性形象的认知度低，人们在凝视画中女学生的时候，将葡萄干和时髦的女学生联系起来，无疑比将葡萄干和西方女性联系起来，更能赋予这种食品时尚感。

香烟厂商发布了最为人们熟知的以年轻女性为模特的年历画，其中许多画面表现的女性娴静优雅，或手握鲜花，或回眸顾盼，风情万千。如果带着今天对香烟的刻板印象来看这些香烟广告会感到极大的矛盾和冲突，这也正是对香烟的认识和观念的改变所导致的后果。

"广告流年"中展出的年历画，除了富有魅力的女性之外，还有动物和孩子。这也是当代广告传播策略中最常用的形象。无论是以个体还是群体为广告信息传播主体，年历画的内容都试图构建一种美好生活的场景，这意味着画家要选择和调度他所偏好的事物，还要考虑到一般大众的趣味。从发布广告的厂商来看，外国公司占多数；但今天所看到的年历画内容，当年大众化的想象完全基于中国人物形象，虽然这些人物正在受到西方时尚影响。可以推测当年厂商推广产品，相当注重本土化。

在年历画风行的年代，中国现代意义上的媒介报纸也在飞速发展。年历画的特殊之处，在于标记了一年的日历，显著的实用性使得年历画可以进入家庭，在居住空间里占据一个位置，甚至是重要和显著的位置。这意味着年历画将获得家庭成员的深度关注，所附带的产品广告信息，在日复一日的观看中，也可能深入每个家庭成员的意识，成为人们的无意识。

年历画通过作为有使用价值的物，完成与目标人群之间的有效沟通。这一商品推广的方式至今仍然被广泛应用，最常见的是带着商品标志和品牌名称的赠品。

观看"广告流年"展览中出现的年历画，不仅是寻觅广告印迹的过程，还是一个观察文化和日常生活变迁的过程。服装形式的变化一方面是物的变化，另一方面也折射出人们对于身体和裸露的看法变化，在西风东渐的背景下某些"现代"观念的影响。通过年历画建立服饰变迁的叙述需要结合20世纪早期的流行风尚；在探讨观念变迁时，这些人和物在年历画中的表达也能构成有力论据。从这一点来看，赵琛先生的个人收藏得以在中国广告博物馆展出可能构成一个契机，引发更多对广告传播历史和文化的关注。

她们曾经迷恋过的那些老橱窗

1972年毕业的高中生里，有一位青年找到的工作，是在商店当营业员。当然那时候的工作不是找来的，是分配得到的，就像当时生活所需的食品副食品，也在一个分配系统里，需要不同的票证才能买到。第二年青年得到一个机会，参加武汉市第一商业局橱窗考察团，坐上东方红号大轮船，沿江而下，赴上海、南京和杭州学习考察。麻建雄就这样开始了橱窗设计制作生涯。

从青年时期到2000年成为所在集团总经理，他从来没有换过工作单位，80年代以后甚至没有换过办公室，麻建雄因此保留了工作和爱好所产生的大部分素材，包括照片与手稿，这些素材于2014年捐给了武汉市美术馆，在主题为"为工农兵服务"的武汉老橱窗照片展中再现了1950年至1980年初江城的商业形态，以及人们日常生活的历史。策展人顾铮主编的《为工农兵服务》收录了1950年至1980年初的武汉老橱窗照片，像砖头一样沉重厚实的画册，记录了这一特定阶段商业历史。

麻建雄收藏的照片中，大批明胶银盐照片尺寸在六厘米见方左右，不到今天的一张名片大小，还是黑白照片。照片所记录的那些曾经存在过的橱窗要大得多，大得可以放下许多生活用品，里面画的人物和真人等大或更大，有时候还可以放下五六辆自行车。

对于成长于这一时期的人们来说，这些图片里的橱窗，充满缤纷色彩，是曾经期待过、喜欢过、想象过的青春记忆的一部分。贵州姑娘李媚喜欢摄影，在改革开放以后离开家乡，去了当年最前沿最时尚的城市深圳，在那里主编过摄影杂志，一直关注纪实摄影。有一张照片引起她特别的注意。

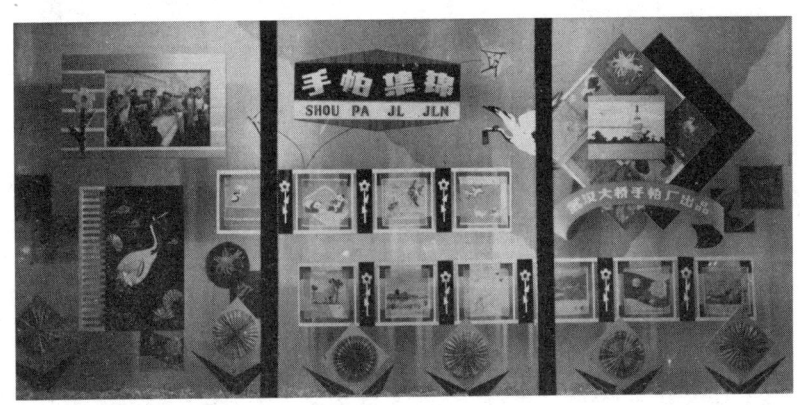

照片上橱窗主题是"手帕集锦"，手帕像摄影作品一样被整齐地张贴展示，手帕与手帕之间还工整地画了花朵作为装饰。这是1974年元月麻建雄设计的橱窗，橱窗里还可以看到手帕厂家的名字，注明了"武汉大桥手帕厂出品"。有意思的是，产品是大桥手帕厂生产，橱窗展示却并非厂家委托，与今天的商业规则完全不同。在设计草图里，橱窗主题是"思想之花"，大概也是花朵的构思由来；橱窗完成的照片里变成"手帕集锦"，这有限的改动令人隐约想到40年前橱窗设计显然不是单纯的艺术活动，也不是单纯的商业活动。

"手帕集锦"使李媚想到手帕未来的替代品纸巾。1980年代初一个香港人去了她的家乡黄果树拍照片,临走送了一包纸巾给她。这个小物品带给她特别感受,多年以后在一项调查中被问到"你通过什么细小物件感受到改革开放?"她的回答就是"纸巾"。

有多少姑娘曾经路过看过商店外的橱窗呢?她们看着其中的衣服,或许也想象自己穿上的样子,想象打扮一番漂漂亮亮出现;也许还想到喜欢的男孩,想到星期天可以约会;想到生活中其他美好的事情。以今天的眼光来看,当年的橱窗很简单,随着季节更替橱窗内容也会变化,在"秋装"主题的橱窗里,陈列了六件毛衣;还画了一个短发女人侧影,穿着长裙站立,手上正在编织一件毛衣。

当年的姑娘们怎么想象自己的生活,橱窗里是看不见的。1950年代橱窗里的女模特儿,提供的是生活模范,会织毛衣、

会用缝纫机。仿佛突然之间,从前在广告里游手好闲的女人,捧着花束的女人,除了摆个美丽诱人的姿势就无所事事的女人,全都消失了。橱窗全被能干贤惠的女人占领。女人要会用缝纫机,最好自己会缝制衣服,"缝缝补补手艺好,勤俭安排生活好";所缝制的,不能只是自己和家人的衣服,"从前只补儿女衣,如今缝制万人裳"。女人集体进入了工作状态,从家庭走向社会,变成工人、营业员。这些角色都不需要装扮,不需要精致的发型和妆容。

但即使被忽视,"美"也犹如一种暧昧情绪一样挥之不去。从工作方面看,"秋装"里女人所织的毛衣应该非常复杂,因为在她的脚下地上均匀排列着六个毛线团,每个线团都有线拉到她手上;从另一方面看,她的短发也有微微卷曲,她穿的宽大长裙非常不适合工作,却能摆出造型,符合某种时尚,能令人感到美好,和倡导节俭的时代精神有点矛盾。

从前橱窗里陈列的花布，没有变成衣服，而是叠成花卷，真奢侈，真好看。过些年不会再流行这样的花布，但姑娘们对美的热爱，每一代都不会改变。正如今天的女孩子们在购物中心流连，1950年到1980年初她们曾经流连在橱窗前。大部分人在青春期只有有限的几件衣裳，会缝缝补补也必须要缝缝补补，但匮乏的物质生活不能阻止她们对美的热爱和想象，以及力所能及的模仿。

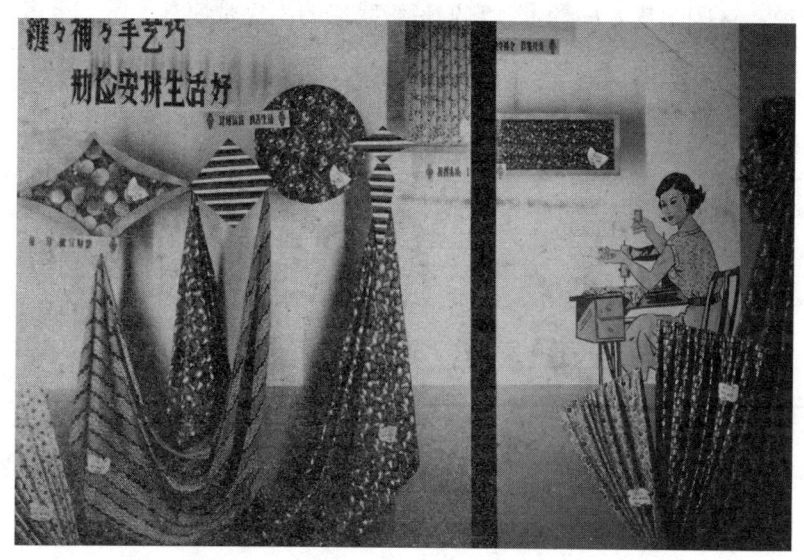

李媚建议将美术馆的摄影展扩展成为武汉市民互动展，活动正在进行当中，通过《长江日报》和武汉电台、电视台等媒体的信息传播，人们正在将老物件源源不断送往武汉美术馆。爹爹和家家（武汉话爷爷奶奶）们结婚时收到的搪瓷盘子，用了两三代；被面、水壶、水瓶，人上了年纪，东西也上了年纪。她觉得让年轻人看这些实物，了解中国人对物质、美好生活的向往，是老橱窗照片最重要的价值。

在武汉长大的方方，在麻建雄分配工作两年后的1974年，也高中毕业了。麻建雄设计"手帕集锦"的时候，她得到了第一份工作，是装卸工。过了四年，她考入武汉大学中文系，成为著名的77、78级中的一员，后来还写了《武昌城》和《汉口的沧桑往事》，成为著名作家。过了四十年，她看到这些照片。她说，这些图片太珍贵了。它们带给我们的不仅是惊喜，还有更多的感动。它把过去年代的生活细节再一次推到我们眼前；它唤醒了我们被忘却的生活；它让所有痛苦和幸福的往事在我们记忆中复活。

那些她们曾经迷恋过的老橱窗。

原载《博览群书》2015年6期。

电视广告中的女性形象

广告是一种高度集中的传播形式,在极为短暂的时间里,需要有效传达信息,十分依赖于对符号隐含意义的成功探索[①]。电视广告使用女性形象,是因为女性与孩子、动物一样,具有对大量观众的吸引力,能表达出特定的社会价值来赋予和强化产品意义,为达成预期销售目标起到重要的支持作用。

以女性作为广告信息的诉求对象主要原因是由于消费环境中女性支付能力的上升。这种情形的发生源于社会观念的变化,技术水平的提升,使得女性参与社会的程度更大,也具有了更多的收益。纽约奥美公司的人口统计趋势分析显示,女性在职场上不断取得成功,她们有了更多可以支配的资金。而在过去,她们手上可供支配的资金只能来自丈夫的收入。相关数据如:女性占就业人数的49%,而在"管理和相关专业"这些收入优厚的工作中,女性占51%[②]。

然而,广告生产的过程是一个分裂的过程。一方面,广告创

[①] [荷] 祖伦著,曹晋等译:《女性主义媒介研究》,广西师大出版社,2007年8月第一版,第107页。

[②] [美] 蒂芬尼·迈耶斯:《女性代表未来的主流消费》,载《国际广告》,2007年3月号,第55页。

意要从社会中吸收素材，迎合社会心理现状；另一方面，广告制作过程受到产品方对经济利益的考虑，厂商对广告提出种种期待和限制。由于电视广告的时长限制，以及广告媒介预算限制，在电视广告中表现女性形象趋于象征抽象，创意过程基本围绕产品和女性，在其中插入希望表达的价值观，通过小型事件的叙述，为产品提供区别于其他产品的意义。其中典型的形象表现为自恋的女性、想象的女性和真实的女性三种类型。

一、自恋的女性

来自古希腊神话的自恋一词，在当代社会中随处可见。人们已经习惯将自恋视为理所当然。从自我传播的角度来看，自恋是自我认同的一个结果，无论其内容如何，对于自恋的个人来说，有助于加强自我信心。从复杂多变的社会价值观中挑选自己喜欢与认同的部分来实践，其选择过程正是一个价值观的表达过程。消费社会中个体的自恋并不是对独特性的感受，而是集体特征的折射[1]。广告叙事所使用的自恋式表达是一个悖论：当一个群体使用同一商品的时候，很显然，不可能存在"个性化"的个体。但消费仍然被当作是个性化的"自我创造"过程来加以推广。

广告中表现出的自恋女性主题十分契合当前社会潮流，例如李宁品牌广告——女性内在美。当代社会当中，自我传播是一个

---

[1] ［法］波德里亚：《消费社会》，南京大学出版社，2000年10月第一版，第91页。

典型的例子，人们倾向于自言自语，自我表达，自我确认，进而自我肯定，如此展示给其他人的自我表达方式容易获得观众共鸣。

广告内容是一个女人在舞动，伴随的文案提供的励志词语，最终抵达"倾听内在的声音"这个主张，后面跟随答案是"我的inner shine"。这个呼吁既引领舞动中的女性跟随，又恰恰是她的行为关照，仿佛通过这个舞动，她就跟上了内在美的呼吁，获得了内在美好，而产品则是这个美好的担保。

这则广告使用近景、中景、远景的切换表达全方位的动感女性形象，直到最后，女主角才直视镜头，之前所有眼神都回避与观众接触。这一回避并非拒绝性质，也并不意味着反对，回避的目的在于引导观众兜兜转转，以理性的节奏，抵达广告主题。与广告主题同时出现的女主角终于直视镜头，透过镜头直视观众。视线最后的抵达把表演者变成了传递广告主题的媒介，其真实用途在于通过表达 inner shine，完成 inner shine 的传递。最后一瞥意味着女主角提供了每个观众都可以看到的某个镜像——拉康在论述人的心理发展过程中使用的术语"镜像"描述了个体的自我认同，在建立自我认同的过程中，镜像不仅仅是一种反射，还是一种参照。个人通过模仿可以建立自我的形象，这个形象在参照和修改当中变化和稳定。

另一则广告凡客诚品王珞丹篇，是一个更为典型的例子。风靡一时的"凡客体"即来自这个广告的平面版本，通过不断重复"爱……不爱……"，达到"不是……是……"的确认。电视版的这个广告内容更丰满，行为描述和定义过程勾勒出一个年轻女性在工作、生活和消费的主要特点，否定部分看似在拒绝商业价值，整体仍然只是主流价值的重新叙述，但更加贴近都市年轻职业女性急需获得认同的心理特征，这是由新进入职场、资历和购买力都处于初级阶段、对价格敏感、对品质有要求等特征所决定的。

二、想象的女性

在以符合主流价值观的视觉途径观看女性的过程中，不仅男人是以男人的观点来看女性，女人也以男人看女人的方式看待女性。女性自我意识和自我认知有一定发展，但仍然停留在这个框架里面。无论是李宁的"内在自我"，还是六福珠宝"爱很美"，对美的追求，对美的功能定义，都直接或间接地联系着被看的结果：女性之间的交流，通过对共同的目标的"美"的定义和追求，构成关系"爱"的基本含义和内容。在这里，"爱"和"美"之间的关系，爱很美等同于爱就是美，爱和美都是商品所发散的内容。

六福珠宝"爱很美友爱篇"创意是一对孩提时代的好朋友，一个从小便很爱美，每天打扮得像个小公主，另一个则喜欢男孩气的打扮。今天，两位小女孩都长大成人，小公主正在悉心打扮出席好友的婚礼，突然想起好友才是今天的主角，于是为了友情牺牲自己最爱的公主形象，换上男孩子气打扮，将最爱的珠宝首饰送给好友，让好友成为最美的新娘。

"爱很美母爱篇"的创意是自幼喜欢长头发的女主角怀孕了，为了将营养留给肚子里的小生命，宁愿牺牲最爱的长发。广告片里，女主角剪发前的心理活动与小时候被迫剪发的情形相互交织，构成一种紧张、犹豫和痛苦的气氛，最后头发还是剪掉了，新形象不是长发，但"怀孕的女人最美丽"肯定了短发形象。

即使女性独立的口号已经发展了很多年，现实社会中女性也在不同类别的工作岗位上发挥作用，甚至在传统由男性把持的管理和领导职位上也有令人瞩目的表现，家庭责任仍然是女性价值的最重要组成部分。女性需要表达母爱，核心家庭时代，这仍然是女性最重要的价值之一。当母爱与女性其他价值目标之间存在冲突的时候，女性则被设计为更为重要的母亲角色，被鼓励去表达母爱而不是女性美丽，在广告中表现为使用母爱——爱很美的话语操作，来替换作为时尚之美；长发—短发的形象对比，无意中显示出与广告词"怀孕的女人最美"完全矛盾的社会审美观念，即从长发到短发是一种牺牲，怀孕将导致女性失去符合一般审美观念的形体美丽。与"友爱篇"对比，今天最美的新娘是完全符合女性特征的，愿意变成陪衬的好朋友，只要选择了中性气质的衬衣，就放弃了竞争注意力的可能，此时她放弃了那些刻板女性形象的构成要素：长发，长裙或短裙，凸现女性身体线条的衣服。

两则广告中女主角放弃的恰恰是现实中被想象的理想女性形象：美好的、适于观看的形象，完全符合现实社会中关于女性的刻板印象，并且正好因为符合这些印象，女主角暂时放弃时所显示的犹豫和痛苦，更加凸显出这些形象的根深蒂固。

三、真实的女性

应用来源于真实生活的素材制作广告，奥美广告近年来一些有影响力的作品就是遵循这一途径。例如为台湾大众银行制作的"不平凡的平凡大众"系列。为中美史克止痛药品芬必得制作的两则广告选择了两位真实的人物的真实生活。其中"公益律师篇"是以女律师郭建梅为主角，广告中的郭建梅与现实中的郭建梅完全是一个人。

芬必得广告公益律师篇主要文案内容是"公益律师这条路不好走，我却走了12年。每一个眼神都是一个沉重的托付，每一个案子都是一道难关"。这组广告使用的人物形象在真实世界中存在，郭建梅本人在现实社会中是一位公益律师，为弱势人群提供服务。

广告与主题社会活动相结合，是对目前社会潮流的一种回应，实质上仍然要实现广告的功能，即赋予商品一个独特的卖点，使得这个本质上可以被替代的产品变得与众不同。广告与当下任何运动相结合（作为为自己的工作事项借得信誉的一种方法）的癖好也许是自私的，为人不齿的，但并不总是值得谴责的①。这类公益广告客观上推广了有益于社会和弱势人群的信息。

---

① ［美］詹姆斯·特威切尔著，屈晓丽译：《美国的广告》，江苏人民出版社，2006年8月第一版，第160页。

1995年，在《中国律师》杂志工作的郭建梅去采访第四次世界妇女大会NGO论坛，在大会上，她听到希拉里·克林顿的演讲，主题是：Women's Rights Are Human Rights（妇女的权利就是人权）[①]。这是她的公益律师生涯的开始。在广告中展示真实生活，郭建梅最初的态度并不积极，很大程度上是现实的需要支持她做出拍摄决定，参与拍摄获得了100万酬劳，被悉数捐给急需支持的公益律师中心。

　　高频率商业广告的播出不仅具有良好的促销效果，还起到了推广公益律师的作用，让越来越多从前完全不知道什么是公益律师的人了解到这个职业的存在，大大提升了公益律师的知名度。郭建梅作为这一部分最重要的代表人物，以专业的身份而不是美貌或温柔形象，确立了真正具有独立性和主体性的女性形象。在广告中，女主角不需要扮演某个人物形象，女主角就是她自己，就像在以男性为主角的广告当中，男性最重要的特质是以某个职业身份来定义一样。这一形象完全与女性被认为的社会位置毫无关系，甚至没有潜在的迎合消费者心理的举止。

　　在更多的情况下，直接物化女性是广告的常规行为。将女性身体或身体的某部分作为展示商品的背景、平台或配置，例如汽车广告使用女性作为修饰性配置，珠宝和化妆品广告将女性作为展示背景。

　　物化的女性消弭了女性的主体性，这一情形经常在广告中出

[①] 参见《郭建梅，你为什么还做公益律师？》，《南方人物周刊》，2009年4月刊。

现。令人愉悦的身体是广告中女性的最主要的特质，恰恰也是社会对女性的主流看法，不仅男性经常依据外在判定女性，女性也经常并且更为自觉地以此评判自身，并据此调整自己的行为。因此这一广告具有特殊的意义，对照社会女性反思和女性解放的思潮，是重现女性主体性的成功案例。

为什么需要广告

微观的社会体系提供了理解广告的模型。假设一桩婚姻,只有两个人,这是一段天赐良缘,王子公主从此过上了幸福生活。童话并没有结束,他们每天都以共同的任务、共同的体验,以及共同的梦想和共享的时光在巩固爱情生活。这显然是一种理想状态。显然,在这一系列互动当中,他们会互相说"我爱你";如果没有说,一定会感到缺失。在和谐的夫妻关系中,为什么一定把"我爱你"说出来?

在米切尔·舒德森看来,这是因为让爱听得见,把含蓄的爱直白说出来是有必要的,这表示保证并不断重申相互恪守承诺、责任、共同创造美好未来。"我爱你"这句话既不能创造出不存在的东西,也不能把已有的东西封闭起来。但这句话必须不断反复地讲。这句话是必要的,因为即便是知根知底的事情,人们也还是需要亲眼看到亲耳听到,而且越是知根知底的事就越是如此。语言就是行动。在大的社会体系中情况也是这样。广告就是资本主义说"我爱你"的方式。[1]

这个例子也可以解释人们与广告之间的基本关系,任何人都

---

[1] [美]米切尔·舒德森:《广告,艰难的说服》,华夏出版社,2003年7月第一版,第140页。

可能因为广告购买产品,买回来以后,还会不断地关注广告,甚至关注得更细致。例如那个无人不知的脑白金广告,精准地提供了一个便捷的消费理由,过年送礼,可以向收受的人解说这是电视广告的产品;在赠送行为结束之后,获得赠礼的人仍然不断从电视广告里得到担保,感觉自己紧跟着时尚,也获得了广告产品,甚至还有对受礼事件的愉快联想和追忆。对人们来说,消费商品的满足,一部分来自商品本身;另一部分,来自广告提供的意义。人们不仅需要广告的告知功能,还需要广告告知讨论商品的方式,然后在现实生活中加以应用。

20世纪初,近代广告之父阿尔伯特·拉斯克尔将广告定义为"由因果关系驱使的印刷形式的推销术"。[①] 可以推测当时广告都发布在印刷媒介上。现代意义上的广告,是由可识别的出资人通过各种媒介进行的有关产品(商品、服务和观点)的、有偿的、有组织的、综合的、劝服性的信息传播活动。大多数广告都会力图劝服人——说服某人改用某一产品、服务或观点。

现代社会拥有数量和品种繁多的消费商品,这些产品的数量和品种还在不断增长。购物逐渐成为一种重要的休闲方式,人们通过购物来进行消费,降低压力,获得快乐。购物的形式也越来越多,渠道成熟,商场、专卖店、大卖场、折扣商店、超级市场。传统的邮购和新颖的网上购物,去掉了抵达购物场所的时间成本,见缝插针地进入人们工作时间和休息时间的间隙。围绕购

[①] [美]威廉·阿伦斯:《当代广告学》,华夏出版社,2001年2月第一版,第6页。

物还发展了一系列的指南和相关讨论。

作为现代社会中的神话形式之一，广告也可以提供某种类似功能：频繁地解决社会矛盾，提供认同性的榜样，以及赞美现存的社会秩序等……然后逐渐演变成当代文化的组成部分。道格拉斯·凯尔纳分析过万宝路的例子：西部牛仔的形象表现的是一种人们熟悉的男子汉、独立和豪放等的特质，它就成了宣传中受宠的符号。随着万宝路香烟广告长时间的传播，"万宝路男人"就变成了美国民间文化的一部分，成了人们欣然认同的文化符号。

广告中的这种符号化的形象试图在提供的产品和社会所欲求的、含义丰富的特征之间建立某种联系，以造成这样的印象，即如果人们想成为某一类的人——比如，成为"真正的男人"，那么，他就应该买万宝路香烟。所以，几十年以来，万宝路将牛仔的形象当作男子汉的符号以及他们的广告中心。在后现代的图像文化里，个人就是从这样的形象中获取认同性的。因而，广告在控制消费者的需求的同时，也成为一种举足轻重而又被人忽视的社会化的机制[①]。

人们经常应用这种识别能力，虽然并不一定意识到是来自广告。通过物品对人进行判断，正是广告怂恿的态度。人们不仅对物质商品具有收藏、分类的浓厚兴趣，还对拥有这些商品的人也进行分门别类，继续实践"有"即是"是"，认为拥有某个商品，就具有这个商品所承诺的那些优势。广告提供了许多供人们模仿

[①] ［美］道格拉斯·凯尔纳：《媒体文化》，商务印书馆，2004年3月第一版，第421-422页。

的样本,承诺人人都能获得所标榜的利益,而且附送最便捷的方式,就是购买这个产品。

海尔格·迪特默认为,在西方物质社会,个人身份受到他或她的物质财产的符号意义之影响,也受他与这些财产的联系方式之影响。物质财富也说明了他属于哪个群体,而且还是在社会物质环境中寻找他人的手段。此外,物质财产向人们提供了关于其他人社会地位的信息。西莉亚·卢瑞强调了迪特默提出的现代欧美社会的特点:根深蒂固地相信有就意味着是。人们不仅可以将个人身份理解为与物质财产相关,而且消费文化本身也是一种占有。……消费文化是当代信仰的根源,即自我认同是一种文化资源、资产或占有①。

广告吸引人的注意力,或者更完整地说,把人的注意力吸引到一个物品上。正如 WB 唐纳公司的首席执行官吉姆·戴尔所说,"广告所做的是产生交流,这并不是说它会产生销售额"。专业解释必须谨慎,因为早已有经典的抱怨流传,投放广告的厂商知道广告费一半是浪费了,问题是究竟哪一半被浪费了?没有人能给出答案。广告只要到达了受众面前,一定能产生交流,至于交流的程度是否足够影响受众,那要由更精致的传播技术以及相关变量来决定了。

现在,推销商品的空间氛围越来越受到重视,同时在销售产品的过程中,包装和宣传的作用越来越大。消费者开始组建自己

---

① [英]西莉亚·卢瑞:《消费文化》,南京大学出版社,2003年11月第一版,第6-7页。

的团体，参与到商业活动当中。信用消费越来越普及，借钱的限制减少，这意味着消费欲望更加不受实际消费能力的限制，疯狂购物，刷爆信用卡，其他的事情以后再说。消费犯罪作为伴随的现象产生了，例如信用卡诈骗。消费者监控技术也在快速发展，一个消费行为留下的记录可能被分析，还可能引来数个跟随推销。

广告当然可以帮助生产商获得成功，但更重要的是，广告有能力创造新的市场。想一想有多少人会购买人寿保险？又有多少人会购买死亡保险？两者之间的差异不过是广告赋予的一个词语，这个点睛的词语发展出一个几乎由广告创造的行业。

也是由于广告的作用，从前只用在妓女脸上的涂料，变成上百万人的化妆品。广告帮助万宝路香烟从销量平平的女士香烟转变为具有男子气概的第一香烟品牌。珠宝行业被 NW 艾尔广告公司为德·比尔斯（De Beer's）珠宝店所创造的口号"钻石恒久远，一颗永流传"所改变。这样的广告词是让人们一起倾听的，对于德·比尔斯珠宝店来说，提供的商品是高质量的因而可以要求更高价格；对于顾客来说，他们的付出是物超所值，消费决策的正确性需要不断重复出现的广告来担保。现代社会的女孩子，关于做新娘的憧憬里包含了浪漫的婚礼、婚纱，以及一颗熠熠生辉的钻石，仿佛只有拥有了这颗石头，才能获得幸福的担保。

广告给产品命名、分类，贴上不同商标，帮助人们认识和想象这些物品。当然，是以一种极为友好的方式，让人感到愉快且永远不会主动冒犯。邀请广告加入自己的生活，很多人已经不知不觉地完成了。在每一次更换 windows 操作系统的时候，微软公司总是会用不同的广告形式，随着不同代际产品，附送一次更领先更强大的担保。只要有争先恐后的心理存在，只要人们还需要与他人区分和认同，这些信息就将发挥作用，吸引足够的消费群体。

广告当然面对很多批评，批评往往来自文化专业人士，而不是一般受众，因为文化批评专家能够识读出广告使用的修辞方式，广告中自相矛盾的、虚幻的承诺，一般意义上的受众只是依据自己喜欢不喜欢而决定接受不接受。识别对待广告的敌意是自发的还是职业性的比较困难，识别这些具有和表达敌意的人是否暗地里羡慕丰裕的物质文化更为困难。但无论怎么说，在通俗文化填满媒介空间的同时，广告也在很大程度上抢走了专家学者们的风头，虽然有时候也提供给其中一些人更出风头的机会，但是很显然，其中的主要形象是女人、儿童和动物。这些素材的组合手段决定了物品的价值，广告做得越多，卖得越多。

经济活动的对象还有不能用金钱来体现的方面，这个曾经显而易见的道理现在常常被人们所忽视。在货币价值的形式中可以找到这些对象确切的、完整的等价物吗？越来越多的人深信不疑。更值钱意味着更重要，货币的价值决定了物品的价值，成为最重要的、甚至是唯一的价值。

许多年前西美尔就为此感到担忧，他小心翼翼的提示如今正在成为现实：……我并不想断言，我们的时代已经完全陷入这样一种精神状态：由于货币经济的原因，这些对象的品质不再受到心理上的重视，这正是这个时代令人疑虑的特征、不安与不满的深刻根源。但是我们的时代正在接近这种状态，与此相关的现象是：一种纯粹数量的价值，对纯粹计算的兴趣正在压倒品质的价值，尽管最终只有后者才能满足我们的需要[①]。广告看起来倒是不赞同这种令人担忧的兴趣，因为几乎没有广告会直截了当地宣称"贵就是好"，相反却常常提示"对的才好"。考虑到应用广告的初衷，以及评估广告价值的要素往往是价格和销售量，广告很可能推动了现实社会中数量兴趣的增长。但这显然不是应由作为资本表象部分的广告完全承担的责任了。

原载《中国图书评论》2010年3期。

[①] ［德］西美尔：《金钱、性别、现代生活风格》，学林出版社，2000年12月第一版，第8页。

内容与媒介：世界遗产空间的广告价值

世界文化遗产（cultural heritage of the world）全称为世界文化和自然遗产，是由联合国教科文组织认定的具有科学、审美、文化价值的自然景观与人类历史遗存。1972年，联合国教科文组织在巴黎通过了《保护世界文化和自然遗产公约》，成立联合国教科文组织世界遗产委员会，其宗旨在于促进各国和各国人民之间的合作，为合理保护和恢复全人类共同的遗产作出积极的贡献。

广告是一种社会体系，一个社会体制的功能之一，是通过提供信息和范式来使人们行为规范，构建生活模式，体现社会理念[1]。广告是有一定目标的传播行为，其功能在于告知和劝服。

世界遗产的身份认定与广告活动最大的共同点在于都能提升特殊地点的知名度和美誉度。目前国内申遗的很大动力也来源于此。从广告传播的角度衡量，世遗的文化特征与空间的特殊性具有可观的广告价值；同时因为这一文化特殊性，世遗的广告开发必须加以细致规划，以保证保护工作的进行。

---

[1] ［美］布鲁斯·G.范登·伯格、海伦·卡茨著，邓炘炘等译：《广告原理：选择、挑战与变革》，世界知识出版社，2006年1月第一版，第62页。

中国世界文化遗产管理现状

世遗计划起始于1959年埃及计划修建阿斯旺水库期间。水库修建计划可能淹没尼罗河河谷里阿布辛贝神殿等古迹，联合国教科文组织于1960年发起保护这些古迹的"努比亚行动计划"，最后将阿布辛贝神殿和菲莱神殿分解移至他处保存。这一行动开始了世界遗产认定计划。

后来形成的《公约》对文化遗产的认定关注历史、艺术和科学价值，从文物、建筑群到遗址，强调人类文化活动的价值；自然遗产则关注具有特殊地质和生物结构的自然地貌、生态区和自然地带，其空间范围更大。

从《公约》规定以及进入《名录》的世遗来看，获得世界文化遗产认证的区域具有普遍性的价值，具有文化含量，美誉度高，富有声望。以国内进入世遗名录的各处为例，最早的泰山景区，以及故宫建筑群、天坛、京杭大运河、重庆大足石刻等，都是中华文明发展的历史见证和智慧结晶；自然遗产则具有美学和科学价值。

目前中国关于世遗的相关条例对文化遗产进行了管理方面的一些规定，包括全国性规章制度和规范性文件，如2004年国务院办公厅转发的九部委《关于加强我国世界文化遗产保护管理工作的意见》；2005年国务院下发了《国务院关于加强文化遗产保护的通知》；2006年国务院审议通过了《长城保护条例》并于12月1日起正式实施，等等。还有由地方各级人大常委会和政府针对本地文化遗产制定的保护管理条例和办法，如《北京市周口店猿人遗址保护管理办法》《布达拉宫保护管理办法》《重庆大足石刻保护管理办法》《山西平遥古城保护条例》《河南安阳殷墟保护管理条例》《甘肃敦煌莫高窟保护条例》《武夷山世界文化和自然遗产保护条例》《桓仁满族自治县五女山山城保护管理条例》《陕西秦始皇陵保护条例》等等。

类似各城市的户外广告管理规定时有更新，世遗的相关管理文件也时有更新。据新华社2011年11月28日报道，河北省第十一届人民代表大会常务委员会第二十七次会议决定，批准修订《清东陵保护管理办法》，由唐山市人民代表大会常务委员会公布施行，唐山清东陵旅游区管理委员会将负责编制和实施《清东陵文物保护规划》并监督管理清东陵保护工作，由清东陵文物管理机构承担保护和管理的具体工作。①《办法》重点规定了关于构成清东陵环境要素的宝山、砂山、案山、朝山、靠山不分权属，应当得到相应的法律保护。其修订重点仍然在关注世遗的保护方面。

以四川省2002年发布的《四川省世界遗产保护条例》为例，26条条例涉及管理机构的设置、主要职责以及禁止事项，景区管理的一些内容主要关注建设方面，几乎未针对世遗区域内的广告活动做出专门的管理规定。

世遗的广告传播价值

目前列入世遗目录的中国项目，在一般大众心目中，仍然最

---

① http://news.21cn.com/caiji/roll1/2011/11/28/9950206.shtml.

经常被视为旅游目标。人们会在假期旅游计划中关注这些目标，并在其中进行选择。列入世遗目录的景区与未列入的相比较，人们会有更高的参观预期，也有较高的支付意愿，能够接受较高的票价和相关消费。

世遗区域的一大特殊性在于，由于其文化和自然价值，世遗区域能够吸引到大量的人群到达某个特殊地点。从广告学角度看来，人群的汇集自然产生广告价值：这些来到景区的人属于有一定支付能力（到达景区需要旅行费用、门票以及其他开支），有接受新的信息的意愿，有消费意愿。参观世遗景点的人群常常将观光视为休闲或教育活动，通常会在区域内停留时间较长，而且有接受各种相关信息的心理预期，注意力相对集中。

与户外媒体出现频率高的其他空间，例如道路、车站、机场等相比较，通常选择参观世遗景点的人群还具有较高的文化意识和修养。在著名世遗景点里，一组又一组人围绕某个导游，专注地听其介绍，这是非常常见的现象。如果在世遗区域内发布广告信息，是非常好的机会。

同时，要在世遗区域内开发广告，又面临困难和挑战。由于现代都市生活的训练，人们已经对广告信息较为敏感，对广告有一定的逃避和抵制心理；因为世遗的特殊性，人们在其中会对广告等商业信息尤其敏感，一旦观赏活动受到干扰，心理上会产生排斥。广告出现太多，会影响景点的形象。

在世遗区域内发布广告，需要考虑到区域特殊性。世遗的特殊性需要限制一些商品品类的广告进入，适合一些与景点有共同点尤其是类似价值观的品牌进入，因此需要考虑广告客户的选择；在广告类别方面，虽然管理办法并未明文禁止，但大型广告牌可能破坏景点整体景观，只能限制应用。小型户外广告牌也可能会造成视觉凌乱，也不宜大量使用。其他看板、电子显示屏等固定设施，在特定空间如机场、车站等地较合适，对于世遗景点则有较大偏差。另外，要考虑各地户外广告管理法规的约束性规定。

对于世遗管理部门来说，开发广告有两方面的重大意义，一方面可以使世遗的文化价值与广告客户的需求结合起来，捆绑的信息传播能帮助景区信息更有效传播。另一方面，广告活动带来一定的收益，也可提供部分保护费用，降低景区把列入世遗名录作为门票提价手段的意愿。从长远来看，这也符合世遗机构的宗旨。

世遗区域开发广告的可能思路

从有效传播的角度来看，世遗区域内适合发展的广告思路有三个方向。第一是目前由于智能手机的普及，移动终端的使用率越来越高，景点可开发通过手机接收的相关广告信息。这些信息可以是简单的产品和促销信息，也可以是互动性质的广告信息，其关键要点在于利用手机平台提供的互动传播可能性，引导游客关注、吸收以及发布信息。

可以是简单的参与式的促销广告，与季节特征相对应，例如ikea的阳光主题网络互动广告：在高纬度的瑞典，夏季经常举行庆祝活动，ikea 也设计了以阳光为主题的促销活动，录制了 48 段视频，内容是 ikea 家具，在一些时段有阳光照在家具上。视频右上角有不断变化的代码，观众观察到家具被阳光照射时，可将右上角的代码记下，录入到指定官网，若是代码一致，这件家具就成为观众的奖品。显然，从这一思路可以根据世遗区域的不同主题和季节区分来制作类似互动游戏，也可以依据更长远的传播计划，将这类互动活动整合到世遗区域的内容传播里。

第二，将广告发布结合到景区线路设计当中，利用植入思路，达到广告信息与游览体验相融合。近年来，文化线路（cultural routes）是世界文化遗产保护领域的新方向，起始于1968 年在美国举行的世界遗产保护白宫会议，呼吁保护自然和文化遗产，这也是最早呼吁文化与自然保护合一的官方声音。文化线路的概念更加注重空间、时间、文化特征，以及其功能方面的意义，提供了更为全面和广泛看待世界遗产的视角。文化线路概念在较大范围内提出，同时涉及多个利益相关群体，以及多种旅行产品和商业业态。对于游客和旅行者来说，这一概念的实施能够满足不同人群的不同需要，较小规模的文化遗产单位也可依据这一思路，与其他组织进行合作，开发多种层次的旅行活动，针对不同旅行者设计不同线路和产品，提供不同的旅行体验。

第三，通过相关产品设计与开发，开发新的广告空间。世界文化遗产的良好管理要在保护的基础上有序开发，尤其是物质性的文化遗产，通过文化产品的开发，不仅能有效进行文化推广，还可能获得第三方支持。图书、视频、其他实物产品都可以成为世遗信息和其他广告信息的载体。加入文化产品生产过程，意味着世遗可以跨越空间和时间的限制，以更丰富全面的信息姿态进行传播。

世界文化和自然遗产一方面是需要保护的人类重要财富，另一方面也具有可观的广告价值，但目前中国关于世遗的管理法规中鲜见直接针对广告活动的条例。开发世遗广告价值应有长远目标，其可能思路包括：应用移动终端等新技术开发互动广告；结合区域内线路设计开发传播空间；设计其他衍生文化产品等。

历史、文化与自然：试析通州新城文化传播策略

一、通州国际新城时代背景：历史、现状与未来

与长城齐名的京杭大运河是中国历史上最重要的运河，也是享誉世界的运河，这一中华文明巨大成就的标识，从北到南的起点，就在通州。运河历史是2500年来中华民族最富庶地区的发展史，运河在很长时间都是华东地区南北交通动脉，经历了许多朝代变迁，一直都是物质、人员以及信息流动的重要通路。直到社会生产现代化开始，列车、汽车与公路网络普及提供了更廉价的运力，京杭大运河才不再承担以往重要的运输功能。

运河功能的衰落和部分废弃直接导致运河今天无足轻重的现状。从北京到通州的通惠河段，现在成了北京城市中心部分的排水沟。在水资源稀缺的北京，由于保护乏力，小河汊多变成排污通道，污染严重，恶臭明显。这样造成了临水地带不仅不是优势，反而成为缺点。

通州的目标是建设现代化国际新城，城市未来的期待是现代化的、国际化的。就目前讨论的时间节点而言，现代化与国际化两组概念既有一致之处，也有相互背离的内涵。一方面，由于近代以来人们思想意识的刻板印象，现代化经常被视为国际化的内涵之一，国际城市在这一意义上等同于现代化都市；另一方面，

从相互认同和对话的角度来看,国际化并不一定是现代化的,现代化特征并非获得国际化认同的充分条件。例如,就城市建筑而言,现代建筑的经典类型是大体量、具有纪念性、被视为地标的作品,可以构成城市天际线以及城市视觉形象,是城市的制高点,如纽约曾经的世贸大厦以及北京的国贸。

但大体量、争夺城市最高点的建筑所表达的意义,与当前强调环境保护和有机自然的社会思潮已经出现距离。今年普利克兹奖的颁发有所旁证:获得这一建筑界最重要奖项的中国建筑师王澍,不但作品数量少,其作品也不是当前人们习以为常的大体量地标性建筑物。但是建筑师对文化、环境以及生活方式的深度理解,以及这一理解力在作品中的恰当表达,回应了城市生活发展到今天所面临的重要问题。这种观点获得了一致认同,因而成为第一位获得这一重要奖项的中国建筑师。

因此,获得国际认同或是国际声望,与通州新城现代化,在某些前提下是一组相互联系又相互背离的目标。这组目标的实现,需要了解通州的历史背景、分析新城所在的时代背景,需要通过对通州固有优势的把握和开发,从而建立层次丰富、有吸引力的新城形象。

城市表达和释放着人类的创造性欲望,从早期开始,当城市仅有少量人类居住之时,就是积聚人类艺术、宗教、文化、商业、技术的地点。[①]城市汇聚人群,逐渐发展壮大,从传统城市

[①] [美]乔尔·科特金著,王旭等译:《全球城市史》,社科文献出版社,2006年3月第一版,第3页。

到现代都市。现代化新城有相应的硬件指标，例如道路交通、医院、学校、商业空间等现代机构，其覆盖范围和不同层次是现代化的重要参数。现代化新城需要满足城市人口的生活、就业、教育、休闲等需要，需要建立新的现代生活方式，这些需要本身也构成城市第三产业的生产性能力。

国际都市则是另一概念，国际这一概念有着多重意味。首先是交通概念意义上的国际化，作为交通枢纽的国际都市，例如世界著名的航空港：北京、纽约、洛杉矶、法兰克福、巴黎、伦敦等。在航空飞行成为最便捷的洲际旅行的当下，航空港取代了海港，通过航线辐射影响周边的区域，是人流、物流和信息流的重要集散地。其国际影响覆盖了经济和社会，是全方位的。

此外，国际意味着在某一专业范围内普遍的影响力，文化影响力支持城市成为国际城市，这一意义上的国际城市不需要国际航空港类似规模的硬件支持，例如法国戛纳、奥地利萨尔茨堡、意大利威尼斯、瑞士达沃斯等等，这些小规模的城市所具有的共同特点是城市有自身的特点，如悠久的历史、有吸引力的自然风光，通过一年一度或定期举办的活动，聚集相关专业方面的人群，吸引相关人员前来，在持续不断的活动中持续推广城市本身，发挥并保持了世界级影响。

从通州新城的体量来看，这些有文化内涵和世界影响力的小规模城市应为更合适的参照目标。建设通州国际新城，若能保护好历史，提供真正人性化的城市空间，满足新城人群的生活需要，新城必然能发展得生气勃勃。

二、传播方向：优势、定位与传播要点

通州的最为显著的优势表现在三个方面：其一，具有漫长历史的运河，以及流经通州的其他水系，赋予通州多水特征，这是北京城其他地区都不具备的优势。通州运河丰富水系存在的两千五百年的历史，在通州留下的遗迹，构成通州所特有的运河历史文化。特殊的自然环境容易使人联想到自然，运河优势可以和当前人们所关注的环境保护、健康等概念联系起来，能开发设计大量的传播内容。

运河优势还体现在历史文化意义方面，作为与长城齐名的人类作品，运河无论在经济史上，还是生活史上都有重要地位。长城建设之初的防御性功能如今已不复存在，作为历史遗迹，长城仍然是中国最重要的文化象征符号。与之相比，运河也已经没有往日的功能，但由于没有得到足够的保护和推广，其价值也就没有很好体现。

其二，文化优势。除了传统的文化优势，在通州宋庄一带形成的画家聚居地，是有一定国际影响力的区域。偶然的原因离开圆明园一带的画家们来到通州，把宋庄小堡村及周边变成一个聚集地，吸引了艺术领域的人群，如职业画家，包括一些著名艺术家，他们扩大了宋庄的知名度；通过举办活动，吸引媒体关注，小堡村不仅以"中国宋庄"为艺术界所熟知，还带动宋庄成为一个广为人知的艺术地点，宋庄每年举办的活动都吸引不少艺术家和观众。

其三，空间优势。从城市空间来看，通州新城与首都国际机场之间的距离，与北京商业中心国贸一带之间的距离基本一致。这一优势是很好的基础条件，有助于吸引这两个区域的人群，但是目前这只是可能性。工作地点在国贸地区的部分人群把通州作为居住地，其最显著的优势在于比较而言通州住宅的价格优势，但其他服务，例如教育和医疗，以及娱乐，人们都更倾向于市中心买。而无论作为机场人流经过地还是目的地，通州所占比例都很小。因此要把通州的地理空间的优势从理论转变为现实，还需要在城市建设和文化传播方面有效定位。

里斯与克劳特提出的定位理论，70年代以来在营销邻域发挥了广泛影响。他们认为，定位的基本方法不是创造出新的、不同的东西，而是改变人们头脑里早已存在的东西，把那些早已存在的联系重新连接起来。[1] 这是因为当前的社会是一个传播过度的社会，大量的信息在竞争人们的注意力，创新越来越困难，必须应用新的方法，才可能吸引人们的注意，进而影响他们的意见和行为。

定位理论强调的差异和联系，同时还解释了一组简短广告词的重要性。在城市特征的传播过程中，传播要点若能表现为一组简短的广告词，易于被人们所记忆，常常能够获得事半功倍的效果。将传播目标浓缩为几个传播要点，从这些传播要点中确定关键词，然后将这些关键词组成核心广告语，如果这一过程能准确

---

[1] ［美］艾·里斯、杰克·克劳特著，王恩冕、于少蔚译：《定位》，中国财政经济出版社，2002年2月第一版，第5页。

相互关联，城市将在相互竞争中更容易脱颖而出。

水系丰富的自然和历史文化、艺术文化可以有机地结合，这些有机结合中蕴含着生活方式的多样性，可从中发展出对于现代人群具有强烈吸引力的生活概念。开发水系资源需要考虑到河流的可视性，从视觉感受和传达的角度考虑建构河流的视觉形象。与同样历史悠久但知名度更高的长城相比，运河欠缺的不是文化，而是对其形象的表达。

应用历史背景和文化联系能建立相当可观的文化资本，这一资本常常还可以转换为经济资本。例如两个地产项目，长城脚下的公社和运河岸边的院子，都是依赖所在地点确定案名的项目，但所获得的知名度和象征资本是完全不同的。长城脚下的公社项目起初并没有用这一案名，其原名为"建筑师走廊"，正如名字所意味，项目邀请亚洲地区11名建筑师在以长城为背景的基地上设计并建造了一组别墅。成品不仅在建筑界激起讨论，随后还参与了威尼斯三年展，正是为了在威尼斯展以及类似这样的艺术领域有效传播，项目名称修订为长城脚下的公社。所动用的长城和公社两个概念，分别指涉中国古老的历史和当代社会主义实践，与建筑师走廊比较，二者大为不同。长城脚下的公社中长城和公社都是中国独有的内容，而建筑师走廊的两个概念，则随处可见，泯然于众。

长城脚下的公社随后的发展成为可持续性的一个典型案例。在快速赢得世界性的专业声誉之后，这一项目转变成酒店项目，由一次性销售的地产项目，转变成可提供持续现金流的特色酒店，并在 soho 中国上市过程中被整合成一个能带来持续现金流的项目，起了重要作用。长城脚下的公社现在还是举办各种品牌推广活动的理想地点，如与奥迪等品牌合作举办活动，这意味着长城脚下的公社每年都有若干次与高端品牌一起多次出现在媒体的曝光机会。

运河岸上的院子则是另一思路的产品。这个案名和长城脚下的公社结构完全一致，但从艺术传播价值来看，院子所包含的社会文化含义不如公社丰富。当然，运河项目的传播目标并非从艺术出发建构具有象征资本的核心资产，而是直接销售的高端地产产品。这样，对长城和运河名称的不同应用，产品和运作的差异，其结果是媒介曝光度的差异，和知名度的差异，以及因此而影响的长远利益差异。

通州有明显的艺术文化优势可构成持续媒介传播内容。艺术家们在宋庄小堡村及其周边聚居，使通州变成许多作品的生产地，包括一些重要作品，例如当代著名艺术家徐冰的凤凰，这一参加过上海世博会展览的巨型雕塑就是在通州制造的。通州新城规划和管理思路中，若能将艺术优势作为重点加以关注，必然能发现许多有助于本地文化传播的要素。

三、信息流通与产品流通：城市空间的发展方向

城市是否能健康发展，在乔尔·科特金这位世界经济和社会问题的权威人士看来，有三个关键因素：地点的神圣、提供安全

和规划的能力以及商业的刺激作用。①

在前现代时期,地点的神圣性是由宗教场所提供的,传统城市的中心位置,往往是庙宇和教堂,对于外来旅行者来说,这些宗教场所则是观光重点,构成城市印象的重要部分。现代时期,城市中象征性建筑逐渐转化为商业建筑,现代建筑中几乎所有最重要的摩天大楼都是商业中心。规划新的商业中心是开发新的城市中心的有效途径,商业中心也是现代城市神圣性的主要来源。从旅游业的角度来看,作为旅游目的地的大型城市,其购物中心的客流正在增加,甚至超过去著名自然景观的客流。

购物中心标志性建筑既构成城市视觉形象,如构成城市天际线,又构成人们城市体验的部分,是重要的城市内部空间。在特大城市有多个城市中心互相竞争的背景下,所有参与竞争的城市中心都必须有自身特色,准确定位,能吸引目标人群。作为正在建设与规划中的通州国际新城,大量可借鉴成功经验的存在是一大有利条件,但面临经济压力和激烈竞争,必须构建出能振奋人心的形象,通过提供愉快、健康的体验,不断吸引和聚集人群。

城市吸引人的最为重要的特征在于能提供丰富多彩的娱乐活动。娱乐活动的内容和方式决定了人们在城市中停留的时间和感受,娱乐产业也构成城市经济的组成部分。依据城市文化特征和城市人口特征,发展出有特色的娱乐业,是繁荣城市的有效手段,也构成城市五光十色的背景。我们可以把城市描绘成为各种

---

① [美]乔尔·科特金著,王旭等译:《全球城市史》,社科文献出版社,2006年3月第一版,第5页。

各样的背景,其间各有差异,适应着不同的行为。①

支持城市持续发展的基本要素之一是有活力的经济。能够生产足够的财富,才能维系相应数量的人口;财富生产的持续性,才能让这些人口在尽可能长的时间内生存。文化传播促成以文化为依托的经济产业,在许多城市,尤其是欧洲城市,依赖博物馆、美术馆及各类商店促进了旅游贸易的增长。

通过新的规划项目振兴街区和城市,已经有一些相当经典的案例。例如由著名建筑师弗兰克·盖里设计的西班牙毕尔巴鄂古根海姆博物馆,这个奇特的建筑建成以来,作为世界性的建筑奇观,变成一个热门旅游景点,为城市吸引了数量巨大的人群。由鸟巢设计师德慕隆&赫佐格设计改造的伦敦泰德现代美术馆,也是一个改造建筑功能从而改变街区性质的成功案例。

文化对旅游业的影响随着人们生活方式的变化逐渐增大。人们对旅游的传统期待,是到达某个著名景区在重要标志物前拍照纪念,整个旅行就是不断的到达和拍照留念。新的越来越有影响的旅游概念则是到达某一目的地,除了风景和自然,对当地的文化也有所了解。这一转变要求城市文化具有强烈的可观赏性,对于城市设计尤其是街道的规划,如果希望让外来旅游者停留时间足够长并有所消费,必须将城市空间规划为适于步行的空间,而不是专为汽车活动的交通线。符合人体尺度的街道空间才可能让人们愿意停留下来,也才可能提供更多的经营空间,将人气转换

---

① [英]约翰·伦尼·肖特著,郑娟、梁捷译:《城市秩序:城市、文化与权力导论》,上海人民出版社 2011 年 3 月第一版,第 277 页。

为经济行为。

由于运河的存在，从文化线路概念这一思路来发展自己特色旅游项目，通州有很大优势。不仅如此，因为自然和历史文化的影响，文化线路相应产品还具有显著的传播价值，能够形成正向循环。

四、文化传播策略：媒介技术化与信息主题化

文化传播需要注重传播策略。文化传播策略中对于受众的把握、内容确定、渠道应用的规划，直接影响到传播效果和传播目标的实现。在当前的传播环境中，传播媒介技术化和信息主题化是传播目标得以达成的两个关键要点。

公共艺术常常是城市文化推广的重要内容。艺术家将城市作为作品的展示空间，而不是完全遵循传统做法使用美术馆空间，为城市带来了新的意义，赋予新的气氛，从而吸引了人群。在欧洲，城市公共艺术被视为重要的城市复兴内容，欧美都曾采用艺术百分比策略，即将开发预算的百分之一投入艺术品上，在较短时间内生产出一系列的城市雕塑，从而改变城市形象。

有效的视觉形象传播策略关注整个传播过程，以传播目标为导向，从信息到渠道，从受众到环境。在当下的传播活动中，传播要素已经不再是独立要素，而是相互交织，甚至互为因果的角色，因此考虑形成传播信息的生产、扩散、再生产、再扩展的主动增殖过程就更为重要。

媒介技术发展过程对传播生态的影响越来越大，在媒介应用中与技术化过程同步，跟随技术发展而调整也越来越重要。媒介应用技术化有两方面重点，一方面是注重技术提供的新型传播方式及其汇聚的人群，例如网络传播、微博热所导致的人际传播与大众传播互动；另一方面，技术可以对传播内容加以改造，使得现实内容与虚拟内容之间实现相互转换。

文化传播策略中关系到信息生产的部分，通过数字化，将现实内容展示在虚拟空间当中，通过网络媒介传播，更多的人可以以更丰富的方式接触某一文化。文化展示意味着丰富的意义，技术成为其中的核心，技术的发展和应用，同时产生了越来越多的互动要求。为了顺应这一要求，文化的展示需要以可被理解的方式来完成，如果互动成功，人们会倾向于在这一集中区域内消费，从而文化展示转变为交易过程。

旅游就是这样一个文化传播与经济行为结合的产业。在现代社会，旅行已经成为一种大众化的运动，进而发展成一个可观的新型产业。以发展旅游消费为振兴城市或重建策略，是否能吸引人们前来，取决于旅行目的地的声名、旅行目的地在人们头脑中的印象，而声名和印象的建立受到文化意义开发的约束。经济发展模式的变化使得制造业退出城市中心，多余的工业用地转向用于房地产开发，其中用于休闲和服务的房地产开发尤其需要吸引购物、餐饮消费者、观光客等等。除了其原本的功能之外，环境需要成为能够与人交流、互动，能不断传播的场所，这些传播信息若能主题化，将有助于人们形成好的预期。

主题化是文化定义环境和自然的特殊表现，将某个区域主题化是有效传播的前提。主题化意味着通过在区域内使用一整套预先设计的符号系统，在可能的情况下，使用成系列的物体、雕塑、空间设计以及人物形象，将整个社区主题化。人们一旦进入其中，就能接受和感知主题信息，并按照主题信息的暗示，将自己调整到主动互动的情绪状态。最成功的例子是迪斯尼乐园：人们怀着快乐预期进入，在其中参观游玩，每一个环节都是对已知信息的确认和新的空间感知，这一对快乐的成功传播直接影响到每个迪斯尼乐园成为可以用每平方米产出来计算的利润机器，也使迪斯尼成为最成功的主题品牌，其主题公园、文化产品以及其他类型商品的信息相互促进，产生远大于二者单独传播的效果。作为世界最成功的文化传播案例，迪斯尼的推广活动是信息主题化有效性的最好证明。

从水域和艺术优势发展提炼出自然、健康、文化等相关主题概念，应用传播技术完成一套可执行方案，整合到新城建设活动中，并在媒介活动中注重技术化节奏，通州国际新城将以其文化特性得到广泛关注和传播。

原载《现代传播》2013年4期。

从物质需求到意识形态：广告传播的影响力结构探析

广告在现代生活中发挥巨大的影响力。无论是从社会消费的心理变迁来验证，还是从文化观念的形式操作来阐释，作为一种社会实践样式的广告在我们的日常生活当中都是无法回避的信息潮流和传播形态。我们认为，广告机制的影响力结构可以分为三个层次：第一个层次是消费行为的驱动机制，在这个意义上，消费心理、消费行为既是广告产生的原因，又是广告的影响对象。第二个层次是信息链接的驱动机制，即模仿效应，这是一种产生群体性行为的普遍社会心理机制。广告提供模仿的模板，使任何一个欲望的出现本身可能源于某种欲望的启发。第三个层次是信息扩散的价值诱导，使广告成为市场不断扩增的信息商品，逐渐渗透几乎所有社会领域，成为社会意识形态的有机组成部分。

一、消费基础：需求—需要—欲望

讨论广告影响力的基础，以消费的基本原理为基础是一个有效途径，从20世纪70年代初期法国学者鲍德里亚推出《消费社会》命题以来，成为消费社会学的经典主题。从此以后，围绕着消费的动力机制的讨论,是考察广告操作如何获得不同效果的前提,并引起包括需要、需求和欲望这些不同层次的概念是如何导致消费的理论探讨。

从人类学的角度来考察,需要是人参与社会生活的基本要素。学者王宁认为:"需要(needs)指的是维持某种生存质量、满足某种生活要求的客观标准。这种标准既包括维持人的生存的基本标准(如水、空气、食品、衣物、住宅,等等),又包括某一历史阶段的社会对生活标准的集体界定。需要具有以下几个特征:第一,需要既可以是意识到的需要(如饥饿),又可以是未被意识到的需要(如呼吸)。第二,需要具有层次性。正如马斯洛所说的,人的需要包括从生理需要(食物、安全和住所)到心理需要(归属、尊敬、爱)再到自我实现等由低到高的不同层次。人们只有先满足了较低层次的需要,才能进一步满足较高层次的需要。第三,需要具有递进性和历史性。这一特征与需要的层次性密切相关。人们满足了较低层次的需要后,往往会上升到对较高层次需要的满足。与此相对应,基本需要的社会标准会随着历史阶段的演进而不断上升。第四,需要具有客观性。在不同社会和不同的历史阶段,人们会有不同的需要。但是,每一社会在每一时代都有其界定和衡量基本需要的客观标准。这一标准是客观的。"[①] 由此看来,个体的需要实际不能脱离社会关系的界定,这不排除用物质来体现这种关系。一旦把这种具体的物质关系抽象为符号,就成为广告行为的符号表象。

---

① 王宁:《消费社会学》,社会科学文献出版社,2001年,第30页。

从经济学的角度来说，需求（demands）指的是在商品经济条件下有支付能力的需要，以货币为基础，是人的需要在具备支付能力基础上的实现。在经济学中这个概念被详细讨论，被认为是交换的基础。按照法国学者鲍德里亚的说法："需求被可支配的财富目的化了，偏爱被市场上的产品等级所限定。"[①] 实际上，需求的产生和满足是社会生产力结构当中的一个支配性因素。在生产过程和传播过程中对需求的设计和布局，可以诱导社会分化，实现社会控制。

消费动机最深层的原因可能源于心理学的精神分析学说："欲望（want or desires）是一种主观的、感觉到的并常常是强烈的希望、愿望和倾向。它既包括人体器官在匮乏状态下渴望得到的功能满足的生理冲动（如饥饿），又包括个体渴望获得某种东西（占有欲望）或进入某种状态的心理倾向。欲望具有如下特征：第一，欲望具有主观性，是人们意识到的渴望和希望。第二，欲望具有无限性，正如叔本华所说的，一种欲望满足了，又会生出新的欲望，如此层出不穷，永无终止。第三，欲望具有想象性。人们常常在欲望状态中想象欲望得到满足时的情景。有些欲望由于没有现实性，永远无法满足，人们就只能在想象中得到满足。第四，欲望具有可塑性。欲望是一种主观心理现象，其强度和广度（所欲范围）可以通过某种手段的作用（如宣传和广告）而加强、扩张或膨胀。它也可以通过抑制而减弱。"[②] 具体

---

① ［法］鲍德里亚：《消费社会》，南京大学出版社，2000年，第58页。
② 王宁：《消费社会学》，社会科学文献出版社，2001年，第29-30页。

说来，广告赋予被消费的商品对象某种意义和联系，就是企图诱发消费者产生需要这些商品的欲望。广告通过符号差异来生产一种针对目标对象的交换机制，使商品能够成为对象消费者希望获得的生活方式的象征。由此出发，广告形式的创意和设计，对广告的传播越来越重要，并成为今天创意产业当中的重要内容。

这些和购买—消费行为有关的概念，在不同学科范围内被不同层次地关注。需求在经济学范围中是一个重点的基本概念。从消费者的角度观察，需求与支付能力密切相关，在市场操作中对应于目标受众的分层概念。关系到社会意义的欲望与消费，是社会学与人类学关注的重点。

需要—需求—欲望这一系列从客观到主观转换的概念，也是构成各种消费行为的前提，消费行为与广告之间有密切联系，广告在多种意义上造就了各种各样的欲望。这些形态不同的欲望在人们的意识层面上不断向需要转换，有力地推动了消费行为的发生。

关于需要，尤其是广告制造的需要，存在观点不同的批评意见。大部分意见与朱迪丝·威廉斯相似，认为广告制造的需要是虚假的需要。威廉斯分析了大量广告作品，在《解码广告》中，应用了社会学与文化人类学的研究方法，讨论了存在于广告作品中的意义挪用与其他意识形态问题，这也正是社会变化的情形：人们通过他们所消费的东西而不是生产的东西被辨认。消费者借助消费表达理想和愿望[①]。在信息时代的信息流当中，广告对消

---

① Judith Williamson: *Decording Advertisements—Ideology and Meaning in Advertising*, Marion Boyars Publishers Inc, 1978.

费的驱动是一种有机的市场"表象"交易，消费者沉溺在持续不断的幻灭与存在相互交替的迷惑状态中，由此出现各种自我定义和自我理解的方式。这就说明，广告已经构成信息环境中的重要部分，无论人们对广告保持怎样的态度，它都在产生其预设的和预设外的结果。对于这些结果及其生产机制的讨论，对更深刻的机制的发现和描述，有助于在讨论之后产生更有建设性的意见。

现代社会发展到当今的消费形态，正如福格森所指出的，不是建立在对欲望（刺激）的管理控制上，"而是建立在一厢情愿的幻想的解放上"。福格森察觉到，欲望这一概念，将消费与个性表现联系在一起，将消费与人的品位和差别特征的观念联系在一起。个体通过他们的财富来表现他自己。但是对发达的资本主义社会来说，生产的持续扩张，这是一个十分有限的心理框架，它最终将让位于一个完全不同的精神经济。希望取代欲望成了消费的推动力量[①]。转移到具体消费者个人身上的希望，通过模仿的操作，成为新的消费动力。简言之，广告参与营造的消费潮流是建构商品形象的过程，这些形象是人们用来模仿和信仰的。

二、模仿

作为一种表象，广告活动产生影响的一个重要的机制是模仿。尽管不是所有广告都提供一个完整的模仿过程，模仿在广告

---

① ［英］齐格蒙特·鲍曼：《流动的现代性》，上海三联出版社，2002年，第115页。

作品当中仍然随处可见。广告总是提供好的、值得追求的内容，而且乐意告诉其观众这些内容的确值得模仿。广告甚至迫切地告诉观众模仿是如此容易，只需要购买广告商品，它所承诺的美好价值就会随之而来。

广告的动力来自对人所产生的消费欲望。但是，人永远不是自身欲望的根源，欲望永远源自被模仿的第三者，源自一个既是楷模又是对手的介体。通过对司汤达、塞万提斯、福楼拜作品的文学人类学意义上的深度分析，法国学者基拉尔（Rene Girard）建立了"模仿欲望"理论。这一源自文学作品的分析是理解传播心理现象的一种有效的理论模型。

基拉尔认为，在福楼拜的小说里也可以发现由他者产生的欲望和文学的"种子"功能。爱玛·包法利的头脑里充斥着浪漫主义文学的女性人物，她的欲望就由这些人物产生。青年时代囫囵吞下的那些平庸作品，摧毁了她的自发性。关于包法利主义，应该听听儒尔·德·戈尔蒂耶的定义，他认为包法利主义在福楼拜笔下几乎所有人物身上都有表现："同样的无知，同样的朝三暮四，同样的缺乏个人反抗，这使得他们听命于外界环境的暗示，缺乏来自内心的自我暗示。"戈尔蒂耶的著名论文还指出，为了把自己构想成另外一个样子，福楼拜的主人公给自己树立一个"模式"，然后就"摹仿他们想变成的那个人身上所能够摹仿的地方，摹仿外在的一切，全部外表，举止、口吻、衣着"。[1]

---

[1] ［法］勒内·基拉尔：《浪漫的谎言与小说的真实》，三联书店，1998年，第4页

在前面的讨论中可以看到，构成社会文化生活的不同形态的文本，都在不断向其目标受众提供模仿的样板。比如镶嵌在两部灰姑娘式结构的好莱坞故事《曼哈顿女佣》与《风月俏佳人》中的道具服装，有效地执行了转移象征资本的功能，不但担保女主角的品质，还能够将几乎所有女性都梦想的幸福，通过爱情转移过来。在这些故事当中，人物本身，如果不借助不同款式的昂贵服装，是不具有令人关注的价值的。电影故事指涉的途径，是一个必要性的途径，暗示购买消费，服装销售的一系列装置，销售空间、文化意义，都是在担保这种必要性。这已经成为一组社会学意义上的结构和规定。

这些结构和规定构成了我们熟悉的符号学中的能指与所指之间的对应关系，这种关系也是一种习俗关系（conventionality），因为它并非一种理性的逻辑的关系，而是相互延续成为习惯，就像卫生间门上的示意人形，男性与女性分别被穿裤子和裙子来标识，人们在进行识别的时候并不追问标志的来历（这涉及服装系统的长久历史），而是直接作出反应。这些既定的、存在于每个个人头脑中的意识，在个人社会化的过程中就已经形成，符号只是将其调用，天然成为广告提供的可供模仿的样板。

在某种意义上，广告操作就是提供模仿样本，在尽可能接近目标受众的传播目标约束下，变换其样板的形象。无论从古典的、现代的、繁琐的、简略的，等任何分类划分，总能对应着相应的类型学分类的意义，对应着社会与文化的意义。既然对符号的调度可能达到对现实意义的调度功效，广告的规划就可以尽量在符号层面上进行。广告提供的模仿样板,是包括文字和形象两种不同符号,这意味着可能使用尽可能完美的模特儿亲自示范,比如今天的广告,在短暂的时间和有限的版面当中,通过剪辑只留下密集程度最高的信息要素。

广告文本和其他文本相互提携,相互介入,最终相互参照形成现代社会—生活背景,创造了一种试图和我们的经验不断斗争的意识。从对广告的研究看来,作品,尤其是追求市场利润的文化产品,在生产过程中可以借鉴的规则,与其说是把握在不同社会背景下的不同需求,不如说是通过对目标受众的欲望操作来深刻影响人们对自我、社会和消费信息的感知,由此装扮出通过广告来凸显意义的消费情境,构成可以模仿的样板。

要制造被模仿的样板,常常是通过广告的符号构成来激发人的感性,动员人的意识。按照法国学者布希亚的说法,广告往往通过形象的引导来制造一个集体推定效应(présomption collective)①的影响,就是说通过一个有群体参与的集合形象来诱导消费者的内心欲望。他这样举例说明:"如果所有的群众都谄媚同一个女人,我即使不认识她,也会爱上她。这便是广告最常使用的(而且大部分时候是隐藏的)手段。如果说,我们的欲望受到一个集体的指标影响,这是很正常的,那么广告的特点在于使这一点成为欲望的一个系统化的向度。它并不依靠个人自发的需要,它宁可运用集体的形成,以及意识在此一集体上的凝结

---

① [法]尚·布希亚:《物体系》,上海世纪出版集团,2001年,第200页。

作用，来进行它对个人需要的控制。"① 创造一种虚拟场景来进行价值转换，至今还是广告创造产生说服力的不二法则。差别仅仅在于，如果说过去的广告往往会更多强调功利主义、实用主义和工具主义的语境，而今天的广告为适应信息饱和时代的受众心理，往往会更注重提炼象征符号以营造非物质化的语境。

广告不仅仅在客观上构成模仿样板，而且也常常使用号召模仿的策略，直接地呼吁对广告/产品的跟随。这种呼吁来自对产品的正面赞美和直接使用邀请。模仿的后果可能是获得在广告中已经被承诺和渲染的某种好的感受，比如属于某个群体，感到幸福或者快乐，等等。就这个意义上来说，考虑到广告的巨大投放量和在现实生活当中的影响力，广告提供了通用的社会化途径，并成为二十世纪以来的一种大众文化的产业机制。在大众文化研究者看来，一种商品要成为大众文化的一部分，就必须包含大众的利益。大众文化不是消费，而是文化，是在社会体制内部，创造并流通意义与快感的积极过程。所以说，"大众文化是大众在文化工业的产品与日常生活的交界面上创造出来的。"②。由于几乎所有被广泛接受的商品无不借助广告的符号力量，广告所构筑的一个永无止境的新产品潮流，要求人们跟随并选择。这个符合科学主义意识形态的潮流，其巨大的影响力和冲击力的来源，是巨大的受众群体，他们为追求物质上更完美幸福的生活，与广告

---

① ［法］尚·布希亚：《物体系》，上海世纪出版集团，2001年，第201页。
② ［美］约翰·费斯克：《理解大众文化》，中央编译出版社，2000年，第31页。

信息积极互动，不断呼应具有传染性的大众欲望和行为。

众所周知，广告为传媒带来的效益增加了传媒业的实力，而大众传媒是人们主要的新闻、娱乐甚至知识来源。这些不同形态的信息都在影响着人们的行为，而通过模仿效应来完成市场容量的扩大，无疑是广告和文化合谋之后的必然效果。

三、作为日常生活意识形态构成的广告

面对信息传播技术不断更新及其与社会环境的互动关系的演变。在从事传播活动的时候，传播的方式、内容乃至信息的制作过程需要了解社会心理并遵守其规则。信息传播的效果在很大程度上被活动的设计与执行过程所决定。不论是平面还是立体的广告传播符号，本身是一种文化的表象。作为文化构成物，表象（媒体刻画的各种形象、摄影新闻、博物馆、商店橱窗陈列等等）在日常生活实践中对人们诉说某些概念意味着什么、人们如何成为什么样的人、如何与不同方式的人或事物相关；所有的社会实践都发生在表象之中，浸透着文化意义与价值。

从这一角度出发，广告的符号传播主要有两大功能：第一种功能是作为产品推销的信息传播所产生的经济意义，第二种功能是作为文化符号的观念推广所产生的社会意义。在第一种意义上，广告是要和经济活动中的创新、效率和节奏挂钩。在第二种意义上，广告是要同社会活动中的观念、趣味和个性挂钩。而从传播学的角度来看，文化符号在具有表现性质的媒介介质中的

呈现，可能具有广告的意义。任何具有指导和暗示大众消费行为的具有传播特征的符号结构，在这种意义上都可以被当作广告解码的对象，而人们对各种媒介文本的广告性的阅读，可能成为我们从社会现代性的裂变过程来研究广告的文化功能和社会功能的起点。

考察广告所在的社会环境，对于理解广告影响力来说无疑是必要的。广告发端于资本主义生产方式的扩大，并在扩大的生产规模中成为扩大消费能力的有效手段。市场经济和社会发展的并行曾经是启蒙话语的基本指向，而在当代德国的著名批判学者哈贝马斯看来，现代性仍然是一个未完成的方案："现代性方案，正如它在18世纪的启蒙哲学家那里得到的规范表述，包含着客观化的科学、道德与法的普世主义基础和自主艺术的无情发展……像孔多塞（Condorcet）这样的启蒙运动信徒还会怀有这样夸张的期望，期望艺术和科学不仅会推动对自然力的控制，还能够进一步促进对自我和世界的理解、道德的进步、社会体制的公正甚至人类的幸福。"[①] 这些关于社会发展的理想仍然可以在商业化的信息中找到痕迹，但更多的是作为某个产品的伴侣：除了被刻意指定外其实毫无关系。这些价值和它们的名义在广告中常常被提及，通过这一行为转移到产品，更科学的意味着更高的价值，自主性更强的艺术同样意味着更高的价值，同样，派生出

[①] *Habermas and the unfinished project of modernity*, Edited by Maurizio Passerin d'Entreves and Seyla Benhabib, The MIT Press, Cambridge, Massachusetts, 1997, p.45.

的个性和精确,也在改写传统的价值。这不仅仅是一个商业化的过程,还是一个意识形态变迁的过程。在接受广告信息和确定消费行为的过程中,人们确定和修改着自己对世界的种种看法。为增强广告传播的量化效果,今天的广告注重形式设计的美化和简化,注重视觉愉悦远远超过内容的叙事,一目了然,简单易懂,不但取消信息的复杂性和降低接收信息的门槛,而且要求这一标准向所有领域推进。

在齐格蒙特·鲍曼看来,购物不只是购买食物、鞋子、汽车或者家具。我们的个人福祉取决于我们个人能力,但是我们个人是力不从心的;或者说,我们无法具有只有在我们更加努力时才能够达到的,能够具有和应该具有的那样的能力。鉴于这两个密切相关的教训,那么对新的改进了的生活榜样和生活诀窍的急切的、永无休止的追求也是一种购物,而且确切无疑的也是一种最为重要的购买行为。有许多领域需要我们变得更有能力,并且每一个领域都需要我们"逐店寻找"。我们"购买"谋生必备的技能,购买如果拥有它就能确保我们成为老板的方法,购买具有良好形象的方法和使他人相信我们就是那种具有良好形象的人的方法,购买如果我们需要就能交到新朋友而如果不需要就能把老朋友清除掉的方法……[①]购买的逻辑序列无限延伸,一切问题都已经可以通过购买—消费的系统过程来加以解决。这不仅仅是被担忧的想象,而且是在市场信息传播中,尤其是商业文化与商业广

[①] [英]齐格蒙特·鲍曼:《流动的现代性》,上海三联书店,2002年,第113页。

告所建立起来的现实。在这个过程中,人的主体性所遭遇的危险在于,消费的行为逻辑置换了其他价值,思考选择的过程变动完全没有必要。包括广告在内的商业推销活动的简单信息推理过程已经替代人们做出了选择,而且不断声称这是最佳选择。

这正是现代—后现代社会变化的后果。在后现代社会中,界线已经或者正在消失,事物既可能是它自己,也可能很快转换为其对立面。秩序在变通,而永恒的意义逐渐变成现代的神话,被说出、被指涉,但再也不能被证实。自我的身份和概念也越来越碎片化。正如时间概念的变动支持商业资本将"新"制造成似乎不会枯竭的象征资源来源,自我的身份和感觉需要不断整理或重建。消费是最主要的途径。在通过消费来实现的自我识别过程中,广告显然是最重要的意义参照体系,广告既提供产品信息,还提供产品的文化意义。这些意义的汇集构成社会意识形态:正如"美国梦"的形成和流传源自17、18世纪那些机智的人们,以广告的形式号召人们移民美国,以黄金白银为诱惑,承诺一个年轻有朝气的自由国度,年复一年,在其他形式的信息传播合力作用下,美国梦逐渐成为美国人的意识和文化的重要部分。广告既反映社会现象,同时也在构成社会现象。

广告的最重要的作用,是赋予其广告的商品或理念以意义或价值。这些意义和价值原本并不属于广告商品,它们已经既定地存在于日常生活当中。在意义发挥作用的环节,除了广告制作者,广告受众也起着重要作用。广告之所以能够发挥影响,很大程度上是因为既定于受众头脑当中的对社会现实的意识,当人们读解广告的时候并不是被动地接受广告当中的信息，而是主动地将自己原有的信息加入理解，从而构成一组意义转移。①

这个意义转移过程所产生的意义并不仅仅在于销售促进，并不仅仅在于近期的销量和远期的品牌美誉度。这个过程同样也是生产和再生产的过程，通过不断的类似于剪切—粘贴的编辑程序，新的意义从广告作品中产生，由于广告事实上占据了大量的媒介空间，在受众有限的注意力范围内，广告通过有效的传播途径产生影响，替代了经由其他系统的信息传播所产生的影响，并产生最具有传播效果的互文本效应："其他文化行业厂商越来越像广告，而广告本身却变得越来越像文化产业了。"②比如曾经在全球电影市场上席卷数十亿美元的好莱坞大片《泰坦尼克》，产品形式与广告很相似，有一个所有描述集中在上面的焦点，相当于广告产品的注意力中心，即那颗镶嵌在一条项链上名叫"海洋之心"的钻石。电影的语言方面与广告极端相似（快速剪辑、大量蒙太奇、特写镜头），其市场表现过程也极其类似，巨大的投资并不完全依赖产品发行本身，而是依赖于一个全面的营销系统来获得回报。电影本身也起着广告片的作用，并且对于受众来说，还不是免费的广告片。

广告式的表达不仅仅在冲击传统的知识系统，比如谐音式的

---

① *Decording Advertisements—Ideology and Meaning in Advertising*, by Judith Williamson, Marion Boyars Publishers Inc, 1978. P.38.

② ［英］斯科特·拉什，约翰·厄里：《符号经济与空间经济》，商务印书馆，2006年，第189页。

成语应用往往颠覆了正确用法，而且已经成为年轻一代的日常表达方式，符合广告式简短、直白、流行的格式，才是容易理解的方式，并且是容易传播的方式。这一结论有时候在伦理意义上是可疑的，比如因投放量巨大而持续多年的"脑白金"广告，其内容将中国习俗的"送礼"概念与"脑白金"产品结合，通过大量的电视广告，造成无处不在、无法回避的情形，持续的大量的投放终于使得这两个概念紧密联系在一起，如果说"脑百金"还没有成为决定性的"送礼"行为，至少也是一个不可能忽略的参照。对日常生活的进一步侵蚀，可以基本推断的是广告已经或者正在成为日常意识形态的重要来源和组成部分。

广告商品具有某些可使人个性化的特征，同时广告进行了社会地位标志的分派。人们会依据无所不在的广告所传递的信息来相互判断，相互区分和认同，共同维持某种价值标准，在物质满足和非物质满足之间寻求平衡。象征价值派发体系的权力已经大量转移到商品经济的资本方面，而广告成为最重要的执行者。正如当今著名学者哈维所说："任何社会的意识形态的和政治的霸权，都取决于控制个人与社会体验的物质语境的能力。"[1]这是一个双向的过程，一方面是通过广告符号的虚拟语境来提示社会现实的逻辑，一方面是通过广告形式的审美效果来释放个体想象的自由。

作为一种越来越随机、越来越简化的信息载体，广告的无所不在可以说在某种程度上代表资本控制了相当大部分的文化体

---

[1] ［美］大卫·哈维：《后现代的状况》，商务印书馆，2003年，第283页。

制，比如流行文化、音乐、体育活动，通过赞助行为以及其他广告发布形式影响这些活动的进展。考虑到广告的衍生品不断更新，这是一个分析起来更复杂的系统。而所有能够产生差异、标志个性、孕育品牌的物品，都可以成为广告的对象。经济在大体上越来越借助文化的力量，广告可以包装信息产品、情感劳动和知识产权，通过审美化的象征符号载体来确立并促近人们与广告的联系。如果说在人们的不知不觉中，广告成为日常生活的意识形态，那么对广告的分析自然离不开对广告的意义建构的分析。借助于不断更新的信息传播的技术平台，广告所确立的它和消费者的关系，不仅只体现在它意识形态属性的内涵中，更建造了一个和时代语境进行互动的开放空间，构成了我们日常生活中五光十色的传播景观。

原载《新闻与传播研究》2013 年 6 期。

影像情绪

天长地久,或是去年在马里安巴德

一种似乎想要将事件的深层肌理凝视清楚、加以固定的意图在镜头后面起伏。人和背景都顺从这种企图,全都凝固在画面当中;直到影片开始八分钟以后,人物才出现动作,不过动作是缓慢的,犹如滞缓推移的镜头。词语已经先期而来;"诗一般的词语"在那座旅馆的空间中,在一动不动固若雕像的人群中缓慢穿行,形成叙述的暗流。流动不得不和充满了空间的声音对抗,那些声音,在变形之后仍然能够辨识出起源于某些乐器的长弦短弦,沉淀已久,在叙述的推动下不情愿地翻动。人物在空间里,为声音所牢固地黏附;在叙述到来之前,一切都静默着,仿佛尘封于去年,自那以后从未再度展开。

叙述推动声音,于静默的空间里复苏人物。人们被置于这个走廊和房间、大厅和花园的空间里,处于毫无生机的寂静中;叙述透露出了在"去年"的折射中的"此时"。然而对于叙述来说,起点没有获得交代,时间维度依然缺失;对于"去年"的需要因此而在叙述中蔓延。正是"去年"这个时间照亮了整个叙述;否则叙述将始终沉没在没有时间的黑暗之中,永远不能获得实现自身的场所。

叙述必须寻求具体的人物来承担叙述的过程，分配叙述的质量和密度。叙述在一开始就显现出自身的欲求，企图将倾听者纳入叙述的支配之中。从萌生之时，叙述最初唤醒的所有词语似乎刚刚从他们所置身其中的空间分离，还能够清楚地映照出空间的特征：好像（这个词语带着最明显的叙述的特征，始于不确定的、犹疑的意识）地板上铺着石板……那是另一个时代的大厦，充满巴洛克风格的雕刻……走廊很长……那些漫长的、旋转不定的空间被镜头展开，又卷入叙述之中，使叙述也变得犹疑不定，使得叙述也不得不将更加细节的物件，那些镜子、挂画排列出来，叙述通过对这些物体的排列做短暂的停息和依靠。

在那些停靠的痕迹之后，叙述再起，开始的是自身的循环，慢慢旋转着前行。这是一个螺旋形的轨迹，类似空间中巴洛克风格无所不在的重要特征，其中所有叙述暂停的地方都过于具体，那些雕刻、装饰、地板上繁复的图案，完整细密得不可能让任何企图渗透，包括叙述本身。

不得不首先借助一种嗓音来栖身，叙述同时还将自身的意识来源赋予了发出声音的叙述者。他是一个即将出现的男人，然而从人群中，即使只是此时停留在这个旅馆里的有限的人群中将他甄别出来也需要一个过程。有的人被忽略了；最终是"这一个男人"出现，在叙述之后，和叙述一起显影。

于是我们就看见了女人的眼神，叙述仅仅抢先一步，就在我们的知觉之前为女人的眼神给出了定义。那似乎是一种茫然的、试图追忆什么的眼神。然后他说，你好像已经不记得我了。

叙述近在咫尺发出的声音使她意识到这个正与她共舞的男人的特殊之处。她凝视着他："你似乎带着什么秘密……"那是她最初感知的叙述的节奏，缓慢平稳，还未开始要求；也是她所能够看见的关于叙述的第一个意象——一个陌生的外国男人。

由他所启动的叙述经过声音来到她的意识边缘，遭遇了她最初轻描淡写的否定。那些……叙述本身的不肯定在对空间细节的罗列中泄露出来，叙述暂时静止在自身的低谷，他说："原来你都不记得了。"

是或不是曾经有过在叙述中逐渐展示的事件无关紧要；叙述固执地按照自己的逻辑将空间的细节继续编排出新的秩序，驱使它们越来越接近"去年"。"去年"已经提供了充足的支撑，即使它不过是无数已经过去的时间中的一个，和其他时间并无区别；或者，是在叙述将它指定为承载事件的场所之前对任何一个别无二致的时间所进行的随机性的命名而已。

叙述重组了空间、符号和人物之间的序列，人物的关系在这个序列里得以即使不是重新也是再次开始生长。叙述提供了这个生长的途径；叙述推开声音沉重的皱褶，允许事件介入去年和马里安巴德的间隙，并在其中再度膨胀；所许可的事件必然带着叙述的所有痕迹，带着叙述过程中词语和词语自我滋生的节奏和气息。词语无法从一切过去的时刻里辨识出"去年"，却可以建构出一个崭新的过去时刻，在事件的外缘，将其命名为"去年"。"去年"成为叙述释放的时刻。

空间的滞重在叙述的反复透视中为我们所识别；叙述此后在还未经过明确确认的、他们正在经历的空间之上再度打开一个空间，为这个空间命名为马里安巴德；然后在空间的相似性和同一性之间开始游移。叙述联系了这两个空间，叙述在此时的空间里发生，却是因为对"去年"的叙述出现。

将一幅刻板的花园图画指定为马里安巴德的入口，于是那花园得以一次又一次地再现，在"去年"的影子之下，安置历经叙述而流淌的内容。她在其中感觉自己的肢体的位置、动作，尝试感知花园里的种种构件，栏杆、雕像，仿佛刚刚复活并和它们进行磨合，在叙述的引导下，把细节融入经验。叙述将画面指定为另一个空间的入口，这使得每一次镜头穿越画面来到那个与画面完全一致的花园的时候，我们就会发现叙述所发生的这座巴洛克风格的大厦是既没有门、也没有窗户的；这个完全封闭犹如坟墓的空间从未、也不可能和外界发生任何联系。人们必然应该是从某处来到这里；但是叙述只能够通过对马里安巴德的召唤穿越图画将倾听置于大厦之外。知晓从未越过大厦的墙面，但是知晓的影响力始终跟随倾听。即使在仅仅属于他和她的、只在叙述中呈现的花园里，知晓仍旧默不作声、异常顽固地横亘在叙述与倾听之间。

他的叙述最终将她卷入叙述的系统。"一样的发型、一样的香水、一样的姿势"，在空间之后，在叙述中通过对她的复述所勾勒出来的影子轻易成为她效仿的形象，带领时间一起反客为主；使她成为叙述的缘由和中心，不管是应用反对、同意、补充还是修改的手段，迫使她加入叙述，从而补充叙述的动力。他正是透过对叙述位置的占据来将她定义为倾听；倾听为叙述所召唤出来，在叙述的过程中通过对于叙述的回应不断地建构自身。倾听的形成同样经历了意外遭遇、反问、有限地认同、加入的过程，慢慢成形的倾听围绕叙述滋生。倾听的飘摇甚至还和叙述一起兜兜转转，述说仿佛是被指定的一年的时间，算不了什么的时间，太晚了的现在……

当倾听被叙述激发出来，倾听就拥有了自身的锐利。倾听开始追问，首先是关于时间的，随后是地点；最终，倾听过问了叙述的意图，那是关于叙述所触及不到的未来。逃离此时此地，将会进入什么样的一种生活？叙述回答不了这样的问题。叙述与倾听，不过是这样全然死寂的空间里欲求出逃的合谋，叙述提供了马里安巴德作为合谋发生的空间，但是没有能力预告新的生活或者空间，因为对此一无所知。花园和大厦同样都是封闭中的循环，它们之间没有交集，不过是有那幅画作为切点，发生仅此而已的一点相切关系。

叙述和知晓之间关系的开始，即使不比叙述和倾听之间的关系开始得更早，也是与此同时发生的；叙述之所以成为叙述正是因为知晓的存在，知晓的存在向叙述提出了策略的要求。陌生男人和丈夫常常被一个游戏联系在同一画面中，他们各自占据桌面的两边，构成一种对峙的状态：所有关于叙述和知晓的本质在此暴露无遗。权力关系也是不平衡的。当知晓和叙述共同在场的时刻，知晓的影子永远覆盖着叙述，制约叙述的进展，犹如在一次又一次重复过的游戏中。那个简单的游戏被重复了很多次,道具也在不断地更换,但是无一例外,赢家总是那个瘦高个子的男人——她的丈夫。他洞悉游戏的机制并据此获得胜利,同样他洞悉一切关系。势能的悬殊使得当知晓在场的时候叙述总是暂时中断的。

叙述和倾听其实并不构成对应关系,叙述的张力只是在知晓中得以表现;知晓是对于叙述的一种态度,但还是能够完全覆盖叙述的态度。倾听正是这种权力关系展开较量的支点。知晓在此时为另一个男人所承担,在此时他有一个模糊的身份:在叙述中,她所听到的是"一个人,好像是你的丈夫"。

知晓总是将要构成叙述的反向张力,知晓的存在意味着对叙述正当性的消解和阻止。叙述总是出现在知晓不在场的地点和时刻,所以我们总是看见在男人对于女人的叙述过程中,丈夫的不在场;但是知晓将自动地出现,最为及时并且彻底地展示出知晓的存在。当他们讨论雕像的时候,关于雕像的内容推敲是叙述和倾听之间信息交换的尝试。在叙述中,"去年"的男人以为那雕像中的男子似乎在为女子挡住什么;而"去年"的女子以为,雕像中的女子看见了什么她不愿意说的东西。"此时"的男女就雕像继续讨论,仿佛是在做把一个事件拼合完整的努力;可是在叙述和倾听之间流转的永远只可能是细节和内容,永远不会有什么结果;正如叙述最后总结的那样:"没有给他们命名,他们可以意味着那么多。"

都以为这就是讨论的结果了,可是丈夫非常突兀地加入画面,他在两个人身后大声宣布,雕像人物是查尔斯三世和他的妻子,故事是关于背叛的毒誓。这些词语在神话的层次上披露出他们之间的关系,丈夫和妻子,其他男人以及背叛的企图。神话经历了叙述的旁敲侧击岿然不动,但是却在知晓的指点中获得在此事件中象征意义上的质量。不管此前叙述曾经在倾听面前展开如何宽广的想象空间,知晓在简短的词语之间就将叙述推开到一边,将叙述的价值完全地消解。

知晓在其中一个时刻已经预言了叙述的无力。后来,她终于快要被他说服了,计划离开的时候,丈夫进入她的卧室,衣衫整齐地斜靠在那张从未凌乱过的大床上,隔着在整个故事里与她最近的距离,对她预言:到了明天,无论谁,中午你要和他一起午餐的那个人,那个时候……

叙述对于"去年"的反复呈现探察出"去年"与此时之间的距离,一段毫无生机的、没有词语栖息的断裂。"此时"同样呈现为一种虚空,它等待着并且只能等待着她顺从叙述的逻辑在"此时"再现"去年"。

叙述就是这样跨越了"此时"和"去年"的间隙,接管了她的意识,通过她被动的合谋,在她的意识深处建立起他们之间的关系,将叙述所建构的事件覆盖在她对于"去年"的记忆之上。她就是这样顺从了叙述的要求,在画面的最后刹那,在叙述已经无力继续的刹那,跟随他跳出空间:这个具体的画面形象在将叙述完整地导入现实的同时了断了叙述的使命,使"此时"与"去年"不但按照叙述的期望那样建立起必然的连续性,而且还重叠起来,二者合而为一。

叙述得以最终接近自身的欲求更加取决于知晓的节奏，而不是叙述自身的动力。在最后一幕里，叙述将人物关系彻底展开出来，让倾听来做自己的决断：那时候"丈夫"在剧场，女子为陌生男人约定的时间正是在剧目结束之后，就连陌生男人自己也明白，似乎她还在等待丈夫的到来，等待他来终止故事的发展。但是这个刻意推后的时间并未将"丈夫"网罗进来，故事和关系都失去了复位的机会。陌生男人在约定的时间到来，后来他们一同走出画面，那意味着，他们将离开这个封闭的酒店；在他们消失之后，紧接着，丈夫出现了，他以一种对此了如指掌的眼光看着空空的走廊，脸上是一如既往无动于衷的表情。显然，终点的达成只能在知晓的合谋、至少也是默许之下。

　　当陌生男人的叙述中出现"天长地久，为什么你不想"的问题，是既针对她也是针对自己的；这个追问需要面向不止一个具体的对象。但天长地久在一个全然封闭于此时此地的支点上和去年、马里安巴德对称，指向一个遥不可及的未来空间状态。我们正是基于这个时空期待着经过往昔来对此时此地进行颠覆。那是叙述所涉及不到的状态，隐藏在已然过去和此刻之中，无法将其唤出。于是她也不能做出回应，无论她是有原因的不想，还是没有原因的想。他也是如此。能够替代他们回应的原因只是在于追寻天长地久的动力已经被具体化解到去年和马里安巴德之间。爱情其实从未存在，甚至极少被提及。在这个时空未被她的行为确认之前，天长地久只是一个叙述序列里极其无能为力的词语，即使在意识的最深处，也不能为他们打开逃逸当下的出口。

黑夜里来来往往

夜是一个极好的容器,在都市已经被摩天大楼构造成为钢筋水泥丛林的时代,漫无边际的黑暗屏蔽了冷冰冰的一切,似乎指向一种可以退隐的时段,世界上所有令人紧张不堪的因素暂且消退。

然而故事是从一个明亮而寂无声息的早晨开始的,所有事件都在白天里进行了预演:托马逊关于死亡的体会,杰万尼奇怪但是没有结果的艳遇,莉迪亚在心绪不定中难以竭止的离群独处。躺在病床上痛苦不堪的托马逊在早上打开故事的情节,一个医生,进来为他注射麻醉剂。疼痛短暂地消失了。此刻,莉迪亚和杰万尼正赶往医院来探望托马逊。他们在走廊上遇到一个有一双像猫一样闪亮眼睛的女人,她跟他们说她的电话坏了,要……突然护士出现,她飞快地逃进一个房间。随后他们在托马逊的病房门口遇到医生,就向医生询问是否给托马逊做手术。得到的回答是,手术无济于事。

现在托马逊和来看望他的莉迪亚和杰万尼在一起了。看起来比较紧张的是女人,和卧床不起的托马逊相比,莉迪亚甚至更加紧张。托马逊请他们俩坐下来,杰万尼就面对托马逊坐下来了,莉迪亚却在病房里走来走去,不断变换自己所在的位置。

她在男人们几乎仍然能够维持在常态的话题里具体地穿行，身体僵直，偶尔也插话，拒绝和男人们一起喝香槟。有一架直升机从空荡荡的窗外飞过，发出干燥的声响。她要求提前离开，向托马逊许诺说明天再来看他。告别时候托马逊看她的眼神印证了她的不安印象——抓住她的手、眼睛看着她的眼睛不肯移开、重复着明天这个他似乎已经知道自己是永远不可能抵达的词。还有什么比这样充溢着恋恋不舍的告别更接近永远不能再见的诀别？

　　在还未发生之前，莉迪亚提前感知到了托马逊将和他们永久分别的事实。死亡是如此的沉重，尤其是对于真正的朋友。莉迪亚没有听到她离开以后托马逊对他妈妈说到杰万尼，他说杰万尼是他的朋友，而其他人，"他们只是熟人"。

　　人们往往不敢承认在这个世界上他们其实有的只是很多很多的熟人，以及为数不多的朋友。甚至分不清楚朋友都在哪里，他们是否会在一些深深的夜晚连一个仓促的告别都不会留下就离开了。莉迪亚先走开了，她并未远去，她宁愿站在角落里啜泣。

　　杰万尼随后离开病房，在走廊里被先前碰到的女人拦住。这一次她要火柴，她跟杰万尼说，是火柴不是打火机；可是更明显的是她要将杰万尼诱惑到房间里。他们并不说话，她的肢体传递给他的是令他不解但情不自禁有所反应的异性信息。当她飞快地赤裸着躺在床上，而杰万尼也跟进过来靠在她身上的时候，两个护士推门而入，分头按住那女人，给她几个耳光。令人不解的事件太突如其来了，可是杰万尼还来得及衣冠楚楚地逃出来。

这是杰万尼和莉迪亚共同度过的一天。这一天在他们各自眼里截然不同，他们看见对方的行为，力图相互坦白，但是感觉终究是无法交换和共享，甚至相互理解都不大可能。

莉迪亚离开病房以后独自在角落里哭泣；杰万尼经过托马逊和那女人来到走廊角落，看到哭泣中的莉迪亚。他们什么也没有说，只是默默地走向汽车，去那一天的下一个地点和节目。路上塞车，杰万尼在时间的缝隙里和莉迪亚说"走廊里遇到的那女人"，但是什么都没有，莉迪亚显得并不关心。热闹的聚会里人们相遇又分开，莉迪亚和其中一些人点头、问候，然后再次提前离开。她的离去如此自然，好像在人与人之间没有任何关系的存在。莉迪亚去了郊外，一处似乎和她以及杰万尼都有关系的地方。她走来走去，看见一场原因不明的打斗，然后在那个不明所以却听她的话停止攻击的男人企图发问和追逐中逃开了。很晚了，莉迪亚打电话回家，杰万尼后来过来接她，他觉得那地方还是原样，可是莉迪亚说很快就会变化的。

在共同的日程里提前离开和提前到达之后，他们回到家里。莉迪亚不愿意去一个被邀请的聚会，他们去了一个酒吧。但是，说不清楚是因为什么原因，莉迪亚到底还是改变主意又和杰万尼转移到聚会去了。

她遇到一些人，一个女人，还是一个熟人，说她们"从婴儿时代就开始讨厌对方"，她们讨论婚姻的话题，那女人接着依旧很轻松地说自己"注定单身就像莉迪亚注定要结婚"。但是并不感觉她们是那样密切的朋友；不过是同属于有钱人阶层的两个早已认识的女人在同样层次的聚会里重逢。即使是在人群中也会变得孤独。莉迪亚在夜色中的晚会里穿行,美丽还有些忧伤,她避开所有试图和她谈话的人,几乎刻意要独处。而且这孤独还要被展示和关注,人们要问,为什么不参与到别人中间?为什么要保持孤独?

总是有些不安在莉迪亚心底涌动;她打电话去医院问托马逊的情况,得知他在十分钟之前已经去世。和他的母亲在一起,应该是。这个消息废止了她早上对托马逊的承诺。活着不过是保留了也许永远不会去触动的延续情感的可能性,死亡却将情感彰显得如此分明,让人无法回避。那些抵挡不住的忧伤,就隐没在黑夜里吧;此刻热闹仍然属于热爱热闹的人们,从未受到损伤。

接下来的时间和托马逊完全没有关系了,差不多在同一时间,她看见杰万尼亲吻一个美丽的女孩,华伦天娜。当她后来看见她,她立刻阻止了华伦天娜解释。不管有没有什么,解释最能够派生的是疑惑而不是透彻。

莉迪亚也拒绝了杰万尼的解释,她觉得自己不再爱就接近了死亡。在聚会里她和杰万尼不断地分开,不断地对对方所经历的事情有着一知半解和无关紧要的误解。到天色明亮的时候他们要一起告别华伦天娜,告别夜色。在清晨的草地上,莉迪亚在一群并不一致的词语中向杰万尼倾诉她的感觉,她告诉杰万尼托马逊已经死去,那个给过她启示和压力的人,仅此而已;她说她不再爱杰万尼了;她从包里取出一张纸,开始念上面漫长的文字,记录的是一个刚刚醒来的人对他仍然熟睡的伴侣充满深情的表白。

杰万尼问那是谁写的。是你。莉迪亚说。于是杰万尼紧紧拥抱着这个让他无所适从的女人,莉迪亚一边抗拒着,一边重新把"走廊里那女人"和华伦天娜对于杰万尼的意义组合到了一起。

同样的一天对于杰万尼来说线索清楚了许多。这是他和莉迪亚共同度过的许多日子里的一个,他在同样的时段里、在意外遭遇的两个女人身上经历了身体和语言的无能。一个"典型的知识分子,自私自利但是又有点同情心"也许可以解释为何他的艳遇从未得手;不管是和医院里那女人被动的纠缠,还是当夜色降临之后主动地对华伦天娜的企图。白天里"走廊里遇到的那女人"只说出了寥寥可数的几个没有意义连贯的词,杰万尼知道的不是她的名字和身份,而是那样充满诱惑力的身体,因为表达的凌乱引起对她精神状态的质疑。杰万尼可能只是那个女人偶然遭遇的对象;当然他对于身体的表露有着发自本能的反应,对于那女人的手臂、身体的屈张所叙述的意义了然于心。他跟随她的节奏,追逐在白日的天光下清晰可见的形体招展的魅力,眼看就要触手可及。护士的推门而入中断了进程。他被动的际遇立刻结束。

在邀请他的晚会上,杰万尼遇到很多女人,她们对他表示出层次不一的兴趣。可是杰万尼愿意深入的似乎是华伦天娜——主人的女儿,一个被宠爱和厌倦包围的美丽女孩。这或许较多的是因为美丽的缘故,他愿意加入她独自一人进行着的游戏,她的反应并不热烈,但是还是接受了。她说,游戏的赌注是许愿并且把这愿望说出来。他们于是一同进行这个游戏,在许多人的注视之下，在大家都关注进展的热闹当中。游戏结束了，华伦天娜赢了，大家都散开了。杰万尼亲吻她，也就是亲吻她而已。他离他的愿望——如果在他那些态度并不明朗的行为中不断浮现的影子就是他的愿望——如此接近，甚至可以让他在转瞬即逝的片刻中亲吻。他的愿望，华伦天娜说，不过是需要一个女孩，一个新的开始。杰万尼反对，他说，"是你"。华伦天娜微笑，好像她有点相信，但是她很格式化地说，她还不至于愚蠢到要去破坏一桩婚姻。她要他把夜晚剩下的部分交给他的妻子，这是作为一个奖励，她说。

杰万尼没有立即离开华伦天娜，他们转移了一个房间，仆人送进来两组烛台，华伦天娜吩咐再加一组烛光。房间变得更亮。她给他听她自己录制的独白；那是一些美丽的却因为意义的断裂而相互疏离的词语，他要求再听一遍，于是她继续操作——可是她抹去了声音的所有痕迹。她一点一点地远离他的想法，按照自身方向，经过他，逐渐远离他。她和莉迪亚似乎更容易靠近，当莉迪亚湿淋淋地出现，她带她去弄干头发和衣服，她们交谈，相互阻止对方的表白，但是难以言传的意思只需要在女人的相视一笑的过程中就可以相互意会，完全没有必要说出来。杰万尼要和莉迪亚一同离开，告别华伦天娜，他说，也许他们还将再见。

以杰万尼作为一个作家的敏感和悟性，穿插在游戏和单独相处中，在词语和句子的伴送下，华伦天娜出现在他的面前，最后犹如影子隐没在晨光出现的时刻，似乎不可能，但是他的接近的确被她一次又一次拒绝。他们说话，那是另外一场游戏，杰万尼因为有所企图又注定了要输掉。他在其他女人面前的优势在华伦天娜温柔的手势之下不堪一击。

不过他还可以回到莉迪亚身边,清晨,莉迪亚和他,在晨光再现的时候,走过乐声流淌的草地,莉迪亚说,暂时不要回家。那些清晨的音乐那么柔美,让人几乎觉得演奏音乐的人相信音乐就意味着美好的人生,在离开那些冷冰冰的城市的时候,仿佛也远离了那些间离了人们精神和情感的现代规则,而忧伤,好像也都很快会离开。

他们躺在草地上,清晨的草地,莉迪亚说不再爱他,她弄不清楚自己的感情,但是她已经屈服于一切都可能结束的伤感。她小心翼翼地用他的文字搭了一座词语的桥,使得他可以再次越过他们心底的障碍,使他在拥抱她的时候,似乎又回到了她的身边。这种结束,凯·穆尔的说法最为精确:安东尼奥尼的主人公们总是徘徊于因感情上的随波逐流而无话可说和因难卜未来而沉默不语之间,他们是可以认识的,但并不稳定,易被销蚀。就在这能见度极低的边缘上,安东尼奥尼间接地力图肯定他的拯救理论。

安东尼奥尼的夜有两种面目,一种是被倾盆大雨所诱发的狂乱状态,一种是以华伦天娜的姣好面目呈现出来的沉静安宁。二者在时间上的相关性并不说明相互之间互为因果,或者有着什么样的牵连。华伦天娜和雨毫无关系,犹如狂乱和宁静毫无关系:她让经历了雨走进来的莉迪亚弄干头发和衣服,变得和她自己一样纹丝不乱。华伦天娜和狂乱毫不兼容，她自身以仿佛一种迷乱过后的纯净形象改写着狂乱，既对杰万尼，也对莉迪亚。当夜晚结束的时候，华伦天娜犹如一个影子一样同步淡出，隐退到故事之外。

夜里有过一场骤雨，从天而降的雨水激发了正在花园里来来往往参加晚会的人们的疯狂，解除了聚会中彬彬有礼的规则，使他们可以像失去了理性那样，纷纷身着晚礼服纵身跃进泳池，在其中纵声高笑，或是对着雕像倾诉，而莉迪亚也可以被人带走。夜和雨水的交融合谋解除了人们的自控能力。当汽车停在一盏闪烁不定的信号灯前，那男人企图亲吻她的时候，莉迪亚才惊觉"不行，我不能"。

夜的聚会是以华伦天娜的名义确定的，几乎所有的人，都如同在夜色里、在雨中一样在她的影响中。华伦天娜看见来到这里的所有的人，人们也都看见她，她和夜色一样是令人确信无疑的。谁也不会跟她错失，尤其是杰万尼和莉迪亚。此刻，华伦天娜在十八岁的时候已经参透了莉迪亚不再年轻的时候才明白的道理，那就是年轻的时候不知道事情都是会终结的。

她完全了解这一点，甚至是仿佛带着经历了一切结束之后的心绪面对随波逐流中经过她的身边的杰万尼，有节制的从容，既不惊讶，也不欣喜。她的态度和表情因此被渲染出一种杰万尼永远也不能接近的冰凉的美。

华伦天娜意味着夜的意义，她出现在夜色深处，调动着夜的气氛，将白日里不安分的欲望消解，是夜为人可能提供的温柔的然而无济于事的呵护。杰万尼与莉迪亚跟华伦天娜的相遇或早或迟，获得的感知大同小异。他们其实不需要交流也不可能交流彼此的感觉。落入夜里的词语只是些词语的碎片而已。但是无论如何，华伦天娜已经告诉了杰万尼，"当爱试图传达的时候，爱就会消失"。

1968，一切注定要结束的情缘

即使从表面看来不过是在两个女人之间进行情感选择，1968年布拉格的年轻医生托马斯的处境也展示出每一个个体都将要面对的内在困境。在托马斯看来，"生命是如此的轻"，而我们将要了解的是，对他来说，一切都没有分量，身份、职业、爱情、生活环境。唯一连接他的感觉的，只是在那些不同女人身体之间的漫游。在那些不同的身体感觉当中，究竟是谁，因为什么，是他应当选择、应当承担的呢？

对于托马斯最深刻的理解来自萨宾娜，在萨宾娜开始表演之前，影片甚至动用了字幕来说明这一点。出场的时候，萨宾娜和托马斯拥有很多相同想法，最为一致的，是他们在彼此的亲密中，同样都在经历身体的漫游。

萨宾娜和他一样是自由的，她也丝毫不受任何羁绊。如果对于那些构造个体身份的符号和内容的随意变换可以作为一种衡量尺度，她甚至更为自由。他们的亲密关系犹如暂时定格在一个固定时刻的固定姿态，很快就将要变成一种仅仅只是留下来作为回忆的意象。当特丽莎出现的时候，时间开始流动，而托马斯和萨宾娜之间开始相互疏离，从此以后，他们将要完全分离。

只有萨宾娜最了解他，然而似乎了解程度从未成为重要的选择指标。他可以看待萨宾娜犹如看待一个自己的影子，有着不可克服的遥远距离，但是自身的一切似乎在她的身上都有着备份，这使得他们的关系永远也不会遭遇被置换的可能。即使在和萨宾娜最亲密的时候，托马斯也像对待其他女人一样，并不应允她关于他们留在一起过夜的提议。他的拒绝是如此认真，几乎与自己看轻一切的态度相矛盾了。然而如此来拒绝着时间维度方向的延续，反证出的却是他们的关系停留在无数的瞬间，所有的时间片断中都蕴含着全部的质量，那些闪闪发光的瞬间从不构成连续起来的序列，即使一次是对一次的重复，以及相互之间的模仿所产生的群聚。

托马斯至少对三个不同的女人说过"脱下你的衣服"。他的表情相似，这一句话意味着一次身体漫游的起点之处。医院里为大家垂涎欲滴的美丽护士、年轻单纯的特丽莎和玻璃窗后面的女人，都或多或少提醒过托马斯医生的身份，在同样的要求之下，她们理所当然脱下衣服向托马斯展现自己的身体。托马斯要女人们脱下衣服的时候总是和之前或者随后更加深入的行为联系在一起的，看的行为和女人脱衣服的动作成为性爱的前奏，或者某种回味，从来没有因为具备仅仅是看的意义而拥有质量。萨宾娜从未被托马斯要求"脱下你的衣服"，这是否暗示出只有对萨宾娜有着意犹未已的想象并不确定；但是无论如何，萨宾娜和她们的区别，背离了文字的指向，在最表浅的层次里被凸现出来了。

所有透过银幕展示的性爱其实是难以进行区分的，然而其中总是还有那些差异性的蛛丝马迹可寻。在做爱的过程中托马斯不和女人说话，除了对于萨宾娜。关于他们之间关系进展的可能性探讨都是在萨宾娜的床上进行的。那是一些精巧的词语碰撞，词语与词语之间比人与人之间更加彬彬有礼，而邀请和拒绝就在风平浪静中静静地开始和结束，他们的关系始终停留在同一个地方，那些讨论没有推动过关系的进展。第一次的对白消解了他们同床共枕的可能；下一次平息了萨宾娜的情绪，她因为特丽莎闯入她一直被拦截的托马斯的空间不大开心；最后一次，导致了萨宾娜独自远去，使她那时候对托马斯说的"也许这是我们最后一次见面"成为事实。

在托马斯对于自己的情绪自觉或者不自觉地放任自流的时候，萨宾娜尝试过使他们的关系更加深入的企图，不过仅仅在他们共同认可的对于相互自由的无所作为的底线上。既然萨宾娜是作为这样一种自由的象征出现在托马斯的生活中，她就只能够遵循这种意义，即使在这样行动的过程中因为违背了自己的情感将带来痛苦。她的痛苦如果存在，也将是被修饰和屏蔽起来的，不容表达。

相比之下，小镇里的服务员，年轻美丽的特丽莎所拥有的个人意志就强烈得多。除了美丽动人和未经点染的纯真，特丽莎并没有，而且也不能够提供更多的令托马斯长久迷恋的理由。看见特丽莎的时候，托马斯的好奇心如同往常一样点到即止，如果时间和空间不来成全他的好奇，他似乎也并不以为意。

可是特丽莎有所不同。在乡下和托马斯匆匆忙忙的邂逅，那个刚刚打开一点和沉闷的小镇生活全然不同的充满奇妙色彩的空间，却在匆忙得没有任何具体承诺的离别中消失了。特丽莎追寻到布拉格，一个女孩子在情窦初开的时刻全无顾忌地追寻她的梦想——这是一种开始、一种来自已知生命的另一端的视线：在特丽莎离开小镇出现在布拉格的时候，世界在一种新的懵懂无知的视野之中，呈现的是完全新奇、神秘不可预知的状态。托马斯是特丽莎看见过唯一的具体，所谓"看望布拉格的朋友"只是特丽莎一个小小的和所有的借口。她一无所有，所以托马斯对萨宾娜说："生命是如此之轻。"她的到来和停留应该并不意味着什么……

托马斯容忍了特丽莎快速的不请自入，他为欠缺必要资历、不能在布拉格获得工作和身份的特丽莎提供了从前他不肯为任何女人提供的空间。或许是因为他们在第一个夜晚之后，托马斯醒过来的时候发现自己的手被特丽莎紧紧地拽住，那种掺和了依赖、信任和喜欢的动作打动了他，这个小小的动作向他展示出他自己从未发现的事实，因为特丽莎的出现，他从此成为这个不必要看重和注意的世界中的至关重要的部分。当特丽莎开始用她在乡村成长所造就的单纯眼光凝视城市和现代社会的时候，托马斯不由自主地就成为她和世界之间的媒介。

特丽莎的出现带来一些他早已远离、从未想起因而新奇的视角。当特丽莎和别人翩翩起舞的时候，他看见一个可能属于他人的女孩子，他告诉特丽莎他感觉和她一起跳舞的男孩子可能是她的爱人——他不能肯定，他对任何需要或者将要同意的东西都不能够肯定。但是这已经令特丽莎无限喜悦了,她说这是托马斯在嫉妒了,托马斯热烈否认,就这个问题相互纠缠的结果,却是托马斯在第二天就和特丽莎去结婚了。

婚后的托马斯似乎并没有因为丈夫的身份限定自己的行为,他仍然和萨宾娜保持关系;特丽莎也在布拉格获得成长,变成一个摄影记者,依旧延续她的好奇心和对世界的观看,现在是透过镜头,并且突兀地具备了一种来历不明的知识分子眼光,开始关注局势和事件,关注动荡中的人物。在理所当然地驻扎在托马斯家里之后,她理所当然地汇入布拉格的城市生活。

现在有一种线性的、在时间维度上延续的关系将她和托马斯连接在一起。在变换不定的生活中,她所试图的,是在空间问题获得解决之后要在时间维度上维持和占据托马斯的全部,从心灵到身体。对于特丽莎来说,前者似乎是一个不言自明的问题,因为托马斯和她的婚姻存在,爱情似乎不再需要任何旁证,而且还构成一个充分的理由,使特丽莎在此时可以要求爱,在日后可以告诉托马斯她在异国需要的是他的全部;但是身体,托马斯对于他和其他女性之间亲密关系未加掩饰所透露出来的信息,还有特丽莎本能的敏感所感知的信息,都使得特丽莎无限烦恼。

可是生活通常不会留下很多缝隙来容纳这些琐碎的情绪。很快布拉格的局势使他们不得不离开,前往从前托马斯没有选择的日内瓦。萨宾娜已经先期出逃。

特丽莎的逃逸和萨宾娜的逃逸截然不同,各自遵循自身的逻辑，指向完全相反的方向。特丽莎紧紧抓住感觉的曲线，从小镇来到布拉格，又从日内瓦回到布拉格，最后逃离到乡下农场。如果前面的逃逸都是因为她的眼睛里看见的只是爱情和托马斯，是因为向往和失望，在最后的逃逸中，却是因为她所看见的这个世界呈现了一种越来越不能肯定的面目，挟持了恐惧和焦虑，完全超越她的把握能力甚至想象。

特丽莎自己的最后尝试遭到失败。她以为她可以模仿托马斯，在和其他异性的关系中发现什么，或者消除托马斯不能专心对待她的痛苦。可是她将发现自己错了。她克服了自己的心理障碍，模仿托马斯使自己的身体经历过的那个看起来友好的、还帮助过她摆脱他人骚扰的人，在前外交官的质疑之下可能并不是什么工程师，而是那些无所不在的秘密警察中间的一个；那个她始终怀着无限好奇观看的世界，现在转过来将她置于一种不会放过任何细节的凝视之下。无形的、可是无所不在的压力使特丽莎不堪重负。她向托马斯要求离开，但是他们的护照已经被没收了，只能够逃到乡下的农场。

萨宾娜的路线要简单一些，更理性得多，也许是因为她能够区别情感层次。她因为局势变化离开布拉格，那时候托马斯和特丽莎已经结婚了；后来又因为弗兰茨离开日内瓦，最后去了遥远的美国。萨宾娜的女性气质使得即使她和托马斯无限相象，她也不会像托马斯那样屈从于瞬间的嫉妒或者别的什么情绪而把婚姻这个形式交付出来；她似乎还是在意的，她对弗兰茨的拒绝和托马斯对她的拒绝原因不同，却有着同样的认真。身体关系并不意味着要接受全部情感，萨宾娜明白自己难以对等地回应弗兰茨，弗兰茨的离家将要使她因为托马斯的存在陷入弗兰茨所经历过的困境之中，忍受欺骗和谎言。

因为过于相似而难以消解，在萨宾娜和托马斯之间的关系似乎不受动荡的影响，也不需要其他内容的填充和巩固，因此身体亲密就没有必要在时间方向上加以延续。"生命是如此的轻"这个共识只发生在萨宾娜和托马斯之间，这是他们之间无可替代的关系的最深刻的缘由，在他们看来，一切都是全无质量的，职业、身份、生活的城市、空间、吸引力，甚至彼此的身体感觉。萨宾娜的邀请也就一再地不着边际，轻盈、失去质量无法构成压力。同样轻飘飘的托马斯很快就飘逸开去。

聚散离合不过是爱情故事的常态，故事的男主角托马斯承袭的可能是男人必须在不同女人之间进行选择的命运，将要再次面对由萨宾娜和特丽莎这样不同的女性所指涉的不同价值观念。然而，即使现代启蒙之后一切价值的平等问题已经不言而喻，得到追问的还是以托马斯为代表的男性的伦理困境是否有所改变。萨宾娜和特丽莎的处境在"价值平等"这一已然自明的前提之下为何仍然还要犹如代表邪恶的卡吉娅和代表美好的阿蕾特需要争取赫拉刻勒斯的认同那样，仍然要对托马斯展开角逐，以如此具体的形式获得自身的价值实现。即使"托马斯并非迷恋女人，是迷恋每个女人身体内不可猜想的部分"，故事里所有这些女性"这一个"朝向的都是作为男性的托马斯，在最深的层次里，仍然是托马斯的注意力分派了所有女性的合法性，而且还暗暗区分她们的价值分量。

现代的女性们，那些有职业身份的女性们，已经不再以身体的区别构筑她们各自的区分。以托马斯为时间界线，作为画家的萨宾娜和后来成为摄影师的特丽莎，她们的职业身份颠倒了各自意义的时间轴向。她们所从事的两种不同的艺术工作隐喻着的是对方的而不是自己的状态，同样是机械复制时代的艺术品，绘画的传统垄断地位在摄影出现之后遭受过严重颠覆，不得不广泛地为后者退让出空间。

萨宾娜作为一个晚近的女性，在故事中承担了对数千年"美好"价值至高无上地位的颠覆使命，在此刻实现了身体感觉的价值平等，却被可疑地贴附着一个传统的画家身份；而特丽莎，当她从事那些当然以复制为基本特征、以现代技术为必要支持的工作的时候，单单依据她未经点染的单纯，如何还有可能拒绝新的却更机械的工作方式对人不由分说的异化，依旧坚持那些苏格拉底向色诺芬所指定的古老的高贵品性？

特丽莎在爱情名义之下向托马斯所施加的，是否将是比萨宾娜的身份更加可疑的、力图以自己的价值取向来格式化托马斯，以实现占据与扩张的意志专制？到了所有女性的身体、意识和身份都逃不掉整套文化工业的意识形态加工而个性尽失的时刻，身体亲密还可能是托马斯追寻世界真相的一种途径吗？如果现代价值平等同样也意味着对于女性自决的期待，究竟是托马斯秉承的"叙事能力"、还是他蜻蜓点水似的不断尝试，使得他同时成为人群中萨宾娜和特丽莎的"这一个"呢？倘若身体体验对于托马斯来说的确至关重要，他又为何不断地认定特丽莎，不断地追问着为何"非如此不可"，然后不断地远离了真正和他想法一致、最了解他的萨宾娜呢？对特丽莎的坚持可以被美化为对理想的坚持，从而掩盖他对萨宾娜的轻慢、实质上也是对自我的轻慢以及对坚持自我的逃避吗？仿佛意味着对于理想的背离才是所有追寻和坚持的最终结局，不管其中将要或者已经经历多少艰难和痛苦，托马斯和萨宾娜可能正是出于对这一隐喻的本能敏感，才宿命般地抱持着"生命是如此之轻"的感慨。

也许托马斯和萨宾娜那样对待世界完全无所谓的态度并不是一种可取的方式。但是，即使有机会尝试，而托马斯的确也按照特丽莎的途径来观察了，世界并未呈现出一种更加可爱的面貌。萨宾娜的新大陆也许还有着持续的可能，而特丽莎的农场——没有什么比乡下的农场更加符合特丽莎的想象了，在那里人烟稀少，有着完整意义上的物理屏蔽，作为一个曾经的医生，托马斯的专业能力为他们提供了更多的保障，还有朋友。因为没有其他女人，特丽莎也不必再为托马斯的不专心感到烦恼。那是她的乐园，尽管正是在那里她失去了她"爱得最深、因为爱得完全不求回报"的小狗卡列宁。托马斯不见得有那么爱她，可是回报了她的爱，并非以她所期待的方式，却为她放弃了自己的一切。然而因为托马斯和萨宾娜一样对待这个世界的一切是以一种全都不以为意的态度，他的回报其实不过是因为特丽莎的不断迫近而做出的让步，是对本来就不大看重的东西随意的放手，那些认同全不认真：对他而言，身体属于谁是毫无区别的问题，而身外之物就更是如此。

　　一场意外成全了特丽莎和托马斯，当他们正感到快乐，也许是感到幸福的那一瞬间，死亡突然降临，使他们，尤其是特丽莎，无须再尝试和比较那些困扰过他们的感觉。

　　托马斯透过行进中的汽车玻璃除了雨雾中模糊不清的道路，其实什么也没有看见。所以幸福，更多的是一种闭上眼睛之后喃喃自语的没有意义的词汇，是在暂时的无牵无挂中对特丽莎"你是否感到幸福"的询问的重复。幸福，在托马斯回答的时候更像是对故事结束的时间定位，而不是对于问题的回应，更不是他的真实感触。即使是在他的生命的最后刹那，他被动的姿态不过是成全了特丽莎的想象。

　　让萨宾娜来承担这个消息仿佛是要替她来考虑日后的皈依。噩耗被送达的时候，萨宾娜正在画画，旁边一对老人用简单的告别和节制的邀请来安慰她。但是他们的死亡，尤其是托马斯的消失，似乎并没有足够的动力将萨宾娜的漫游改观。萨宾娜在新的大陆的居室里没有了在她的空间里一向占据重要位置的镜子，镜子和托马斯一起被弃置在远方，好像是她早已决定不再审视自己，不再审视和托马斯之间的关系。

　　转变在更早的时候已经完成。如果在他们之间还需要一种意味深长的确认，不如叫她知道，在他的生命结束之前，在他已经变得单调的生活中，有一天，当他打开抽屉，偶然地看见了特丽莎为她拍下的那些裸体的照片，那个女人，她的身体——是一切注定要结束的情缘。

恐惧没有形状

时间会使人离散，改变每个人，也会冲淡痛楚。当人们经历过的时间转变为一个被交代的时间，已经过了多年，故事里的人物还是不能释怀。悬案仍然是悬案，事隔多年以后谁也没有得到答案。

究竟谁是这些命案的真凶呢？在基本上仍然符合侦探片结构的影片《杀人回忆》里，叙述就在看似离真相最近的地方被一个来自远方的、技术领先得大家几乎没有想到还能够加以质疑的判决中断了。这个判决如此重要，如此确切，当它在被反复期待和被反复渲染的背景中抵达的时候，甚至完全没有留下被质疑和颠覆的可能，使得那些被扼杀的真实生命理所当然要求追讨的期待落空。

美国和技术——在案件发生时刻还没有为当地获得的技术，越过了朴探员的第六感直觉判断，也越过了苏探员的推理判断，在这份被期待的鉴定报告中现身的不仅仅是这两个中心概念，还有支撑这些概念的前提，即技术是如此优于两位探员原本习惯于依据的种种方法。他们对鉴定结果毫不加以怀疑的认同，表现的是一种不易觉察的臣服姿势。通过一个被如此郑重对待的结果，一种外来权力的扩散秩序也显示出来，正是这一秩序架空了人们的判决权力。

"只有美国才有的"技术鉴定结果在最后才姗姗出场,而前面对这个悬案的种种猜疑,所有嫌疑人的逐一出场又逐一被否定的过程同步于朴探员和苏探员的磨合与认同过程。追逐真凶的过程在一定程度上可视为两个探员——朴探员和曹探员,这两个本地的人逐渐发现和被发现对于解决现实问题无能为力而不得不退出这个领域的过程。这种无能为力可能是自觉意义上的。无论如何,十多年以后经过故地还停下来张望的朴探员,已经改变身份,成了一个商人,正在忙于送货。曹探员一定也已经退出了警察这一行,因为他被曾经遭受他毒打的嫌疑人用一块带生锈铁钉的木板打在小腿上,处理晚了,不得不截肢。苏探员还有留在行内的可能,和其他两位探员相比,他对现代科技有更多的自觉意识,他所擅长应用的理性推理,显然是强调了逻辑关系的结果,与技术进展方向一致。这些模仿或者说学习的行为,在缉凶过程中被叙述得似乎比朴探员的重视直感的方法更为有效。

如果说探员们是作为一种安全的社会秩序的维护象征和保证出现在故事里,那么他们的责任应当是由一些可靠的、忠于职守的人来承担。正是在这种假定之下,缉凶的过程从另一个角度完整地展示出一个队伍和行动的变迁过程,在不断变迁的价值观念中这样的变迁过程似乎是一种不可避免的必然。

本地的朴探员和曹探员的行为显得不只是有点可笑,还相当靠不住,在他们的判断和行为之下一个弱智的男孩和一个老实的工人先后被屈打成招。如果说可笑不过是无伤大雅的非理性行为,那么冤屈不仅仅对于阻断罪行无济于事,而且还造成新的对具体个人的伤害,显然是违背理性而不应被容许的事件。

警察局在现代社会里应当是一个经过设计的机构,具有层次严密、分工合理这样一些特征,在命案发生的时间和地点,却并不完全如此。警察局局长仍然具有一派家长式的风格。这几个人所组成的工作团队,与其说是一个现代组织,不如说是一个特殊的家庭。朴探员和曹探员不像是职位较低的职员,而是局长的晚辈,俯首听命的身体姿势像是在家庭里发生而不是在现代组织中发生。局长很像是一个父亲,可以狠狠地一脚把曹探员踢下楼梯,因为他在媒体虎视眈眈的目光下,居然还在对嫌疑人施以暴力,对他们进行逼供。局长发现自己多次警告(这完全符合组织管理伦理的做法)完全没有效用,他在气急败坏中只能对曹探员使出这种原始的暴力。

尽管这种暴力对暴力的效果显然也值得质疑,在故事中,最终有效地止住曹探员的暴力再次发作,是曾经受到他毒打的弱智男孩,他用一块带钉的木板打击了曹探员,不但暂时止住了曹探员的疯狂,而且几乎终结了曹探员实施暴力的能力。破伤风的危险使曹探员失去一条腿。曹探员一无所有,在为他手术签字的时候,朴探员说曹探员把他当成哥哥。这种相互之间的关系和关系意味着的权利义务,在故事中是被表现得先于组织结构的。

并未被人们完全适应的组织仍然在模仿家庭的模式,这个像是家庭的特别小组,一个家长式的局长,两个兄弟一样的探员,一个做助手的女职员,不像是承担辅助工作的职员,更像是一个妹妹，她在贡献了各种辅助工作价值的同时还以女性的细致提供了可疑的细节，使得对案件的侦破一度从山穷水尽转入柳暗花明。外来的苏探员，立刻就使得这个组织被对比得相当一致。他们一起娱乐，一起吃饭，当然，还有一起工作。在这里所有的内容都是以类似家庭的方式进行的，直到最后，在手术室里面对家属签字的朴探员道出他们之间的关系，他的悲伤，正是一种骨肉之间的悲伤。

朴探员的家庭是故事里唯一得到正面呈现的家庭，他的太太很深程度地介入了他的工作：追踪第一个嫌疑人是由于她提供的线索；在否定这个弱智小孩的杀人嫌疑的时候，苏探员的判断尽管不是正面的，仍然间接否定了这种家庭参与式的合法性基础。"分工"概念在思维逻辑和现实中的介入隐约可见，而且和女性的位置联系起来。女人提供的都是感性线索，判断全是由男人来进行。

故事只褒扬家庭对个人的呵护和对女人的支持，在故事最宁静的画面里，做护士的贤惠妻子让丈夫躺在草地上为他输液。以结果和画面来达成的微妙褒贬不是全部，至少这女人还要亲自经历她已经得知的、最后一次发生的恐怖。受害者并不是她，危险以一种越来越冷静的姿态越过她的身边，卷走了一个小小年纪的女孩。这个年轻的无辜生命的消失激起了苏探员不可抑制的愤怒，在曹探员和朴探员之后，他最后一个进入渴望复仇的激烈状态。

第一个嫌疑人，当地一个小饭店老板的弱智儿子，因为老是跟踪受害者并且能够完整准确地复述行凶过程被朴探员认为是凶手。证据和认罪的对接是在曹探员的重击之下获得的。显然对嫌疑人施以暴力获得口供已经成为他办案不可分割的部分，这一点不仅仅从朴探员对弱智小孩介绍曹探员时候那种习以为常的语气中可以得知，还在暴力一直延续到曹探员失去一条腿以至于很大程度上失去攻击能力中得到证实。

作为嫌疑人，这个弱智小孩被认定为罪犯隐藏了以下假设：弱智本身就是对常规的背离；如果他可以老是跟踪这个女人（人们从他弱智的事实来理解和容忍这个行为），那么他同样有可能杀死她（可能他并未意识到这是犯罪，就像他并未意识到跟踪女人的不妥）。在指定他来承担命案责任的时候，这个替罪羊还承担了人们对人的病态本身的不满和抵制。是他变形而失去行为能力的手提示苏探员，并且因为他的父亲出现在现场的呼救，以及面对媒体的追踪所需要的透明性，挽救了弱智小孩的同时，还展示出现代机制的可靠性。这是一直延续在推理过程中的逻辑。

第二个嫌疑人来自现场的抓获；听从占卜而来的朴探员和曹探员，一直不断地进行推理的苏探员，一个可疑的陌生人来到现场。追逐这个陌生人一直到了一个工厂里，在一群一模一样的工人当中，他们凭借一条鲜红颜色的短裤的瞬间闪现，终于找出这个疑犯。但是这一次来之不易的结果被一群以示威形式表达的反对意见否定了。嫌疑人的家庭，有一个残疾妻子，她不能满足丈夫心理和生理需求。但是他对妻子和家庭都很照顾，因为他是一个虔诚的基督徒，从来都是准时去教堂，所以他的无辜获得了一群教友以示威形式表达的担保。尽管填补了家庭缺失的功能，宗教在社会管理方面的重要性却不是被刻意表现的，在此的意义无非是提供了另一个方向的清白支持。

第三个嫌疑人，这个看起来相当文静的年轻人，外表完全不具备行使凶杀所需要的暴力特征。他几乎显得柔弱，承担不了人们的怀疑。如果不是雨天里的点歌、一次又一次不在的巧合、歌曲伴随的凶案，以及最为可疑的点歌的明信片——上面留下的地址暴露了他所在的地点，没有这一系列的线索，他将不会进入探员的视线。恐惧是因为一个还没有被证实的凶手随时都可能释放他的伤害能力，然而恐惧似乎难以依附在这样温和的形象上。年轻人当兵退伍，来到这个举目无亲的小城定居，很少与人来往，有点落落寡欢：这样的形象，并不是恐惧的形状。

然而年轻人的无辜是所有嫌疑人中唯一没有被证实的，导致恐惧的因素却一点一点在探员探案的过程中显现出来。孤独，不与人来往，神秘感慢慢构成更深的嫌疑。嫌疑不仅仅是这些渐次出现又被渐次洗刷的个人；至少在一定程度上，关于杀人事件的回忆是和巨大的工厂形象联系在一起的。那一座在黑夜里得到更多呈现的工厂，巨大的建筑被雨夜的背景渲染得气氛冷漠，厂房大小与人的尺度构成强烈反差，孤零零地矗立在这个多山的地区，仿佛要像消耗材料一样吞噬个人。这些部分因为尺度过大和传统经验无从把握的建筑所产生的压迫性，经由第二个嫌疑人的逃逸被触发，未来经由第三个嫌疑人在其中的位置被强化。

搜索嫌疑人的过程至少也是本地家庭式的饭店，还有那个有病女人家庭的狭窄房屋被澄清的过程。透过苏探员的推理被解放的不只是两个弱势的人，还意味着对这些被怀疑的乡土进行昭雪。如果电影故事意味着不得不带着某些特定的观点和态度来探索可能，那么对这些场景和人物逐一进行嫌疑—澄清的分析，最终显影的是对本土的信任和肯定。

危险最有可能来自这样一个人：外来者，在工厂高高的控制室里，枢纽部分，孤独（他在不断寄到电台的明信片上这样写）。塔尖上的控制室类似监狱控制中心模型，其最显而易见的功能就是要将底下的一切尽收眼底，要施加和执行严密的控制。

所有被监视的人对这个位置是无能为力的。直到追踪到这个文静的青年，追踪到他工作的地方，追踪到显然是超前于本地人们的一种现代生活方式当中，疑虑才变得如此确凿：他所点播的歌，雨夜，所有命案发生的巧合的时间，尤其是为唯一幸存受害者复述过的柔软的手。在几乎难以控制的愤怒心情中，苏探员和朴探员认为只需要等到那份更确凿无疑的报告，他们就能够施以惩罚。

然而这不过是和一些细节联系在一起的一个个人，尽管他的消失和移动貌似与恐惧相互替换着在场，恐惧仍然没有具体的形状显现。关于失败的探案过程的叙述，表现了对现实中不同伦理取向的行为结果的深切忧虑，置疑了对技术发展的盲目乐观和信任，只能将恐惧留待时间来消除。

在人群深层的集体意识中，这样的恐惧不能忽略不计，这些新的强大背景，无论是具体的厂房，还是抽象的"美国"与"技术"，似乎除了可能提供制造伤害的技术支持，还提供了对自身的邪恶庇护。伤害能力和行为如果不能说是一定，至少也是在最大可能性上被追踪到这里，这个嫌疑人很可能掌握了如此众多完全消除作案证据的手段，并且将这些手段应用得如此娴熟，显然也能够回避苏探员的推理，能够直视朴探员却并不暴露过多的嫌疑。

如果他的行为可能由一种心理疾患来加以解释，那么追踪造成疾患的原因也很可能直抵他异于传统的生活经历。疑凶被一纸报告所释放，恐惧汇流了深深的无可奈何。苏探员和朴探员同时因失败所清空的空间，出让给了一个能够更为娴熟应对现代技术逻辑的人。事件之外的人们，所有的观众，由于被放置在苏探员和朴探员这一边，甚至没有可能看见真相。一个人群的脆弱性在这样一个不得不释放的个人面前显示出来。人群所听从的命令，显然不能保证此后此地女人们在雨夜的安全。但是苏探员和朴探员，包括曹探员，还有他们的上司，都已经尽力：他们在一道此地和彼处落差明确的界限前，按照遥远的规则硬生生地止住了追踪的脚步。

很可能朴探员在多年以后仍然耿耿于怀，否则他不必在送货途中停下来，再次站在某个现场；不必再次俯下身去，像从前做探员的时刻去看那被覆盖的沟。里面不再有一具可怕的尸体。沟里空空如也，什么也没有。

突然旁边的一个小女孩问他看什么，女孩的声音几乎要惊吓到朴探员。多年以前，在不断发生的恐怖事件的时候，受到惊吓的应当是这女孩。

然而时间会使人离散，改变每个人，也会冲淡痛楚。现在朴探员抬头看着面前的小女孩，十七年前，这个位置上他的面前有一个小男孩，鹦鹉学舌地重复他的每一句话，好像全然不知道发生了什么。但是，小女孩似乎有可能在无意之间带来真相，缓解朴探员的不能释怀。她说前几天，也有一个人在这里像这样往沟里探看。

如果不是苏探员，就是那个要回到现场的人。做过警察的人都知道，罪犯总是会回到现场。朴探员要问出所有观众希望知道的谜底，这个已经逃脱的罪犯，可疑的人，是怎样的人？

普普通通，看起来普普通通。

只是一个路边偶然遇到的小女孩说的，阳光下不再有恐惧，她说得真是轻轻松松。

现代性或青春创伤

破损的家庭

在《折返的情书》开始的时候,所有的家庭都已经残缺不全。每个得到呈现的家庭,不是缺少一个男人,就是缺少一个女人。无论是昌国妈妈,还是银玉妈妈,她们或许满怀期望一直在等待那个离开后音信渺茫的男人,故事里也从来没有提示有什么修复的可能,而且这些残缺从来没有得到修复。昌国、银玉还有智欣,这三个年纪相当的年轻人的家里不是没有父亲就是没有母亲。昌国的父亲,那个作为士兵来到韩国的美国黑人,回国多年杳无音信。银玉的父亲,参加韩战没有回来,被宣布已经失踪。智欣和父亲住在一起,他的母亲从未出场,也从来没有过交代。

这些潜在相似性早已将他们联系在一起,未来的某个时刻还要通过可见的伤痕一目了然地表象出来。其中最为无辜的是银玉,小时候她被哥哥指定顶着一只碗作为靶子试他的手枪,子弹没有打中碗,打中了她的一只眼睛。多年来银玉要用头发遮住她失明的右眼,但是连小孩子都知道,一旦拉开头发,她美丽的脸就会因为那只眼睛变得可怕。

这样过了多年,某一天,昌国的眼睛也受了伤,因为他企图透过窗户偷看银玉,被银玉用尖锐的铅笔扎在眼皮上。差不多与此同时,智欣制作了一把手枪,他鼓足勇气,向那两个总是欺负他的人开枪，子弹折返回来，弄伤了他瞄准的眼睛。三个人都是右眼被包扎，智欣和昌国跟在银玉后面，这个脸上的符号确立了他们之间的相似性并将其显现出来，而未来命运的相似性则将次第被展示。

他们曾经的起点至少还有很大的差异，昌国妈妈是要带着昌国去美国的，至少昌国妈妈一向这样认为，她还希望昌国这样认为，并且很严格地要求昌国学习英语。昌国和妈妈住在远离大家的一辆车上，这辆房车、这个原本用于移动的交通工具功能的转换将他们放在一个相当尴尬的位置上，昌国爸爸离开了再也没有回来，所以他们失去了目标和方向，汽车不能出发，这个愿望不消失，昌国妈妈也不能回到村子里生活。

智欣和银玉生活在他们父辈居住的院落里，银玉有母亲和哥哥，他们依靠银玉爸爸的抚恤金过日子，然后这个生活的依靠被银玉爸爸投北的消息终止了。这个消息使他们在失去家属资助的同时还要承担正在发生着的意识形态剧烈争斗的压力，要被监视和隔离。同样的压力却给智欣爸爸带来机会，让他获得了应该得到而没有得到的勋章。

昌国因为混血儿身份不断遭受周围人群的羞辱，如同银玉因为残疾的眼睛还要面对小孩子们的恶作剧。智欣只是软弱，只是没有学好英语，两个坏小子就可以一边说几句英语一边贬损和嘲笑他。同样的因素在不同的人身上同时成为被本族人排斥和驱逐的对象。当种种美国意象，可口可乐、冰淇淋、英语成为可供夸耀的符号，昌国的美国血统却不断地将周围的目光变成对他的贬斥。在发生故事的这个时刻,这个村落附近的美军基地以及部队,因为白皮肤和黑皮肤的美国士兵的出现带来的这些异国符号,还处在一种暧昧的状况里,和遭遇到的当地文化合流形成走向不同的冲击,没有人可以逃离,没有家庭可以荫蔽,没有文化可以抵抗。

正是这个原因,再也没有什么东西能够担保这一代人。那些支离破碎的家庭现在不得不交付他们的下一代给社会,不得不听任孩子们在极早的时候开始他们的随波逐流。如果幸福在昌国妈妈和智欣爸爸那一代人当中还是一种被全心全意期待着的可能,到七十年代成长中的少年这里,他们从金基德的故事结构中所进入的,则是一种没有可能健全生活的境遇了。

折返的人群

也许最为强大的压力是这些肤色和语言都不同的外来人群所带来的,因为所有陆续出场的人,都有理由抱怨外来的东西使得世道变迁,使得他们的生活变得如此混乱。智欣爸爸,对和他在一起练习射箭的朋友说,世道变了,连卖狗肉的都可以射箭。卖狗肉的那个人地位低下,他是昌国妈妈的情人,"在有昌国之前就是",还有兴趣占据他从前不能而现在可以的娱乐。年轻的一代却对射箭没有了兴趣,他们更喜欢手枪,即使这是一个给几乎触摸到它的每个人都带来伤害的新型武器,某种意义上正好呼应了他们对待和美军同时到来的现代性意识形态的态度。技术也来自美国,银玉哥哥和智欣,他们在不同的时段用几乎相同的材料做手枪，材料都来自上面印着美国标志的木板。他们动用自己的智慧制作出来的手枪，并没有按照他们对这工具的期待准确指向目标。更多的锋利反转回来朝向改造了工具的人，银玉哥哥和智欣同样被自己失败的模仿阻止。

手枪没有给智欣带来帮助，在某个时刻，他开始向传统的射箭求助。弓箭很快成为他能够熟练应用的武器，不会再发生子弹反转回来打伤自己的事情，但是压力从另一个方向迂回前来。由于射伤了美国兵，智欣被抓到监狱里。

即使并未在故事里直接遭受这样的压力，最有理由仇视美国的仍然应该是昌国。完全不由自主，昌国与生俱来就不能与一个美国黑人的私生子身份割裂。这个身份并不是像在故事里那样始终都只能够给昌国带来屈辱，至少在最初的时候，在昌国妈妈和昌国爸爸笑意泱然的画像里，还存在着将昌国和昌国妈妈带到遥远国度的美好希望。

但是希望因为和昌国爸爸失去联系而不能得以实现，在人们看来，昌国妈妈就成为一种失败的被抛弃的象征，昌国也成为一种象征，带着到来之初不断遭遇抵抗的异质人群和文化的气息。由于他的来历，更由于他现在是一个被强大背景抛弃的孩子，他必须要承担人们的仇视情绪，人们由于无力抵抗也无力表达自身对美国文化抵触心态下滋生的情绪总是需要出口。人群的意识从未对这孩子有过怜悯，正是这些朝向最弱者的残忍发泄，造就了昌国个体的残忍。昌国妈妈，将受到来自儿子的最不留情的折磨。

作为整个故事中最重要的线索，在昌国妈妈的生活中，她不断地寄信给在美国的昌国爸爸却得不到及时回应。昌国妈妈的遭遇是所有人的一种参照，人们认为她"可怜"，显然不希望落入那样一种状况当中。昌国妈妈写信的行为持续了很多年，由于从未有过回应，连邮递员都劝告她不要再寄。这个最终走向疯狂的女人，多年来坚强地抵抗了人们的误解和蔑视，日渐长大的儿子对她残酷的毒打，以及其他女人的攻击。这个女人多年以前的经历通过她的孩子昌国的存在不断地被展现出来，由于昌国爸爸一去不返而变成一种无法掩饰、不能被原谅的失败。

那些批评昌国妈妈的女人并不一定赞同自己的命运。她们似乎不可能理解，昌国妈妈的行为在广泛的意义上是替代了人群去冒险，她以一生幸福为赌注的爱情没有得到回报，可是人们正是在这个具体事件之上建构了对外来军队和士兵的印象，她的命运消解了人们关于美国可能是现世救赎的想象。她是集体想象的尝试和牺牲。银玉被警告的时候听见的是"不要和昌国妈妈一样"，因为人们害怕相似的行为带来相同的后果。

跟随昌国妈妈坚韧的等待到达故事的尽头，在她被昌国割伤以后，预感到昌国的死亡之后，她进入自己疯狂的结局。也许直到这时候昌国妈妈才发现自己始终相信的远方是一个幻觉，所有经历过的一切犹如一场恶梦。但是她还要寻找和呼唤，因为剩下来的是对她从前感知到但是并未了解其深刻程度的绝望的确认，那是昌国的绝望。很早就失去希望的绝望是如此强烈，有力地把昌国定位在一个极其怪异的姿势上接受仓促到来的死亡。

穿过超现实的季节在最冰冷的雪天，昌国妈妈看见了昌国的身体，确切地说，她看见的只是昌国两条张开的腿。他的身体一半插在土里。痛苦得变形的女人弄来汽油和柴禾，烧热了冻土，把儿子的尸体取出来，在如梦初醒般的冷静中。此后昌国妈妈安安静静地把自己锁在他们的汽车房里，她将要放火烧掉这个车房。最后一个来敲门的是那个常来的邮递员，他拍打着车门，这一次喊了几声"你有信来"。没有人回答，他把信插在门上就走开了。

就在这个她苦苦期待多年的信到来的时刻，昌国妈妈对于那个遥远的国度和那个来自那里的人，作何感想呢？她全力以赴之后，在漫长的来不及等到回应的等待中，是她旧日的韩国情人在体谅和安慰她。只是他和昌国不能兼容，那些巨大的矛盾表象在他们之间，毁灭了昌国妈妈向从前她出发的地点返回的可能。

信任的变迁

昌国妈妈和银玉，属于两代的这两个都和美国士兵有密切关系的女人，在堆积了无数时光的两头，眼光朝向远方。

现实里苦难艰辛的生活对她们来说是没有区别的，昌国妈妈开始一个人孤独等待的时候，银玉被哥哥弄伤了一只眼睛，在她的青春岁月里，她只能梳一种发式，让头发蔓延到脸上，遮挡那一只瞎掉的眼睛。如果不是那只瞎掉的眼睛，银玉相当美丽。昌国妈妈已经不大年轻了，但是看得出来她年轻时候曾经美丽。

这是两个相当不同的女人，她们的命运也是如此。不管昌国妈妈是不愿意承认还是不愿意相信，多年来昌国爸爸不加回应的行为事实上构成了对他们母子的遗弃。显然，他们始终在原地，如果昌国爸爸要寻找，他容易找到他们。昌国妈妈并不愿意相信自己已经被辜负，她以一种东方女性的坚韧，不得要领地持续追问远去的男人，显然也无法放下这个期待。昌国一天天长大，在周围人群极不友好的目光中，他的存在一天比一天迫切地需要她对他有所交代。

然而除了期待，昌国妈妈并没有其他能力拯救她的孩子，她只能忍受昌国的毒打，她知道他的可怜，他需要去领受她的行为后果，却无法像她那样去期待。一个几乎从未见过的父亲难以支持昌国的未来，即使只是对未来的想象。多年以后，昌国妈妈还在信任当年她遇到过的那个如今音信渺茫的人，也许是信任一种未来的美好生活，信任和此刻全然不同的国度和生活。

尤其是昌国妈妈情人的存在，将她的信任推送到了不容置疑的程度。这个强悍的男人只在昌国妈妈面前表现过他的轻柔，他的理解正好对应着昌国妈妈对昌国的理解，从某种意义上来说，他和昌国妈妈一起面对着昌国所承受的经历无能为力。昌国爸爸，一个外来人物的介入不但改观了昌国妈妈的生活，也改变了他的生活。即使他还以情人的身份停留在昌国妈妈的附近，也不过印证出的是他并不是终点，他不可能成为终点。所以他也必须死于昌国妈妈之前，使得她的疯狂成为不能分担更无所皈依的漫游。

但是银玉如何能够信任她的族人呢？在她成长到十八岁的过程中，没有什么经历教会她信赖她的家人和她周围的这些人。很小的时候，她的眼睛就被哥哥弄瞎，她不得不携带这个严重的身体创伤来遭遇青春期的人和事，并且受到牵制和影响。这个长大的哥哥，甚至道义上的责任都不愿意承担，除了向家里要钱和一味游手好闲，还做了许多继续伤害她的事情，要把她的小狗偷走去卖给别人。暗恋她的智欣，并没有能力保护她；这个相当软弱的男孩，要求她不跟美国兵去做手术，他说他喜欢银玉现在这个样子。银玉激烈地反对，她当然不会相信他会长久地喜欢她现在这个样子。智欣在说谎，否则，他不会把银玉画成一个有一双美丽动人的眼睛的样子。智欣把图画送给银玉看，银玉看见他的画，给了他一个耳光，撕碎那张画。关于银玉的眼伤，他们无法泰然。

银玉获得美国兵的帮助，在美军医院里治好眼睛，成为美国兵的安慰。这是同样无法安置的关系。如果说昌国妈妈的长久期待是因为有孩子和曾经的允诺，在银玉和美国兵之间甚至连天长地久的想象都没有。美国兵害怕自己离开以后银玉会忘记他，要用一把尖刀在银玉的胸前刻下他的名字。

很可能和昌国爸爸相似，他并未想过要带走银玉，这个在令他厌烦和错乱的枯燥生活中感觉轻松的女子，也将和这终究要结束的生活一起被弃置在原处。她只是他的遭遇。当刀尖触碰银玉的身体，银玉蓦然惊觉的，也许正是一份从技术上复原了她的视力和美貌的美国并不能够对她作出的更深的承担，它带着不可信任的危险。她要转向智欣,为此她执行的是如此彻底的前提,重新弄瞎自己的眼睛。

缺席的幸福

故事里的人甚至几乎不曾用笑容来暗示快乐和幸福的存在,在这样一种创伤之后的情绪废墟底下,幸福试探性的影子转瞬即逝。年轻人还有机会看到的不过是一些往日的痕迹,而且机会如此有限。昌国有一天曾经凝视他和父母一家的合影,三个人似乎自那以后不久就分离了,在他们的有生之年,再也不能团聚。昌国捧着照片嚎啕大哭,这个因为身份受过很多歧视和欺压的混血儿,只有这一次无法隐忍地大哭起来。

和昌国年纪相当而且要好的智欣,处境稍微好一些,然而同样在生活中没有机会感受幸福。有一天,他在人群散开以后捡起一个出土的票夹,他用手指抹掉上面潮湿的泥土,看见一张陌生的家庭合影。这是一个偶然被智欣看见的意象,其中的人物和他没有关系,画面的情绪也和他的经验有距离,所以他不过是看了一眼,就把照片扔掉了。

南北的裂痕似乎类似冲击—回应的结果,这一内部的分裂所动摇的民族传统在银玉们身上已经所剩无几。在故事中被智欣爸爸反复提及的他的过去的光荣,那个作为指称的"6·25",在被国家机器遗漏了近二十年之后,再度因为某种动因成为一种社会再动员过程里出土的光荣。对智欣爸爸光荣的确认仅仅是七〇年代那个冷战背景对个人期待无意中的成全,这种被成全的个人光荣在遭遇和美国兵的纠葛时也必须退守，后者力量的强大似乎更接近一种由历史的必然派生的压力。

与此同时，风起云涌的潮流动摇了更多的人的生活。银玉家被通知失踪的爸爸已经投北，他们在瞬间丧失了国家资助，还要被监视和报告。银玉妈妈担心他们现在没有了经济来源而被悬置的生活，超过了对丈夫的担心。个人行为的后果在二十年以后在这个家庭的范围内重塑成员的意识和情感。当银玉哥哥对银玉妈妈说，应该高兴呀，爸爸还活着，银玉妈妈回答的却是，高兴什么，我们以后怎么办。继昌国妈妈早已被边缘化的生活之后，国家机器正挟持冷战意识形态边缘化银玉一家的生活，与此同时，再一次对人群进行割裂和区分，通过依据意识形态秩序的推广，形成新的社会结构生态。

犹如这二十年以来从前人们已经逐渐适应的秩序，新的社会结构生态当中也有其强制性的逻辑要求人们按照其方式来调整自身的行为。美国军队、商品和英语此刻不但很难从日常生活中剥离，而且相当稳固地占据了可以派发象征资源的优势地位。七〇年发生的对往事的再次清算一面调整了人们的生活，一面把对外来人群和外来意识形态的对立情绪转向自身分裂的部分。

银玉和昌国妈妈命运的微妙区分或许是在无意中隐喻了这个张力的内化过程，在现代性的种种喧哗表象和裂解中的传统行为之间，对现代性意识形态的不能信任持续到故事结束。

也许金基德要人们知道，尽管他的故事里这些人看起来没有表情，情绪压抑，常常表现得还相当残忍，生活在一种没有幸福可言的状态中，这些从未笑过的人群，仍然知道幸福并且对幸福有所期待，只是这些期待全都被拒绝了。

隔着语言和文化的宽阔距离，在有形和无形的隔膜之外，并无可能细致准确地了解另一端的人群。在人与人那些相似的、也许还是共同的表情和行为里摸索着这个故事的脉络，情绪的起伏透过触觉牵动疼痛：因为那些难以进行区分的现代性和青春交织的创伤，人们在持续疼痛。

金基德二题：相似性毁灭

总是两个相似的人在一起，他们以相似的生活方式开始，在一个问题面前很快分道扬镳。金基德一次又一次将"性"设置成为问题来拦截他的人物，仿佛必经之路上横亘着斯芬克斯之谜，他用这个问题来测试所有经过他的镜头的人。

对于金基德的人物来说，这一向是凶险的问题，在《撒玛利亚女孩》和《春去秋来》中，两个女孩与两个和尚开始起程，那时候两个组合都有自己的目标，两个女孩正在卖身攒钱，要攒足机票去欧洲旅行；两个和尚在人迹罕至的深山里静修，希望获得抵抗俗世生活的坚定信念。

外面，对于《撒玛利亚女孩》和《春去秋来》里的人们来说，是一种并不见得愉快的存在，而且模糊不定，显然金基德也不曾对外面给出任何定义。两个女孩所向往的欧洲，没有来得及抵达，她们只在赚钱去的路上就永远地失散了；老和尚眼睁睁地看着小和尚跟着女人离开。他们都肯为"外面"花费巨大代价，虽然代价并不是他们最初所能够预料的。外面的世界似乎已经作为一个和他们的生活遥遥相对的存在，更加坚实，但充满风险。

《撒玛利亚女孩》里，两个女孩子开始她们经历的缘由只是被清楚地说起过，然后故事的注意力就转向她们经历的过程了。

这样语焉不详或许是金基德的圈套，或许是此时此刻的一种忽视：因为这个向往中的旅行计划在没有实现的时刻就已经消失了，这不过是一个模糊的目标，甚至从未得到详细讨论。作为一个时尚的名称，"欧洲"对于两个女孩来说意味着什么并不清晰。故事里不过是通过她们累计金钱的速度偶尔透露过她们离目标有多么遥远。金英死的时候，她们刚刚才积累够一个人的机票，然而这些被艺珍小心排列并小心收藏的纸币，没有被换成机票，没有引申出一个不同于她们所在地方的具体的欧洲，因而也没有任何意义。对这些纸币的持有都将成为问题。

获得注意的是接近目标过程中的挫折，以及这个过程本身。金英和艺珍，她们究竟面对着怎样的现实呢？在被金基德处理得相当平面化的背景中，这两个小女孩每天放学以后换了装一起出发，去酒店见不同的男人。金英和这些由艺珍联络安排好的男人上床，向他们收取金钱。

命名

在指定他人回答问题的时候，金基德使用减法开始对性的文化进行加工。金基德首先取消了性的生物学功能，将性变得和生殖毫无关系。从自然法则中彻底割裂出来的性进入流通领域（女孩确切的卖身行为），进入关系建设范围（小和尚和外来的女人一起走了，因为女人让他感觉到修行所不能获得的肉身的快乐），但是，在性的自然生产过程被屏蔽的时候，性的活动的建设性也随之被取消了。

以不同形态展现出来被探讨的性的问题，生理意义只是其属性的微小部分，似乎只是一个引子，预示了未来的血流如注，像是这行为必然的破坏力量，又牵涉到身体的破损。几乎看不到性的关系能够导致某种建设性的，或者是可以信赖的关系产生；即使小和尚和女人一起生活了好多年，这个关系也抵挡不了女人有了其他男人的破坏，不仅仅是嫉妒发作的效应。

和女人离开静修场所的时候，小和尚带走一尊石佛，多年以后杀死女人回来，他还背着石佛，并将这尊石佛安置在原来的位置上。小和尚自己的复位是无法实现了，很快就会有警察来带走他，外面世界的监管和诱惑一样，笼罩了这个貌似世外的小小寺庙。女孩以"撒玛利亚"的传说自我定义，小和尚带着佛像，因为在形形色色的性活动中，他们都需要其他意念来对自己的行为和个性加以支持。

假借"撒玛利亚"的名义帮助女孩绕开了社会规则对她们行为的阻碍。但是，性的关系并没有延展出可靠的关系。这些支离破碎的关系，不能导向一种稳定的关系，不能提供安慰。"撒玛利亚"只是女孩子一厢情愿的臆想，和她们去欧洲的目标相互排斥。在金钱结算之后，男人不肯释放即使少许的同情。逆反的过程、性的交易、结束后将往日的钱送还，这不符合常规又出人意料的行为获得了与"撒玛利亚"一词相关的教义的效果，但是那些似乎被感动的男人多少有些危险，其中某些人还很快就要死亡。

在两个女孩不断的叙述和讨论中，命名就慢慢不动声色地进入事件。不能肯定金基德和撒玛利亚这个名词之间是否有一种心照不宣的共谋关系。后者似乎并未提供足以支持女孩子们行为的意义，一如"欧洲"。关于撒玛利亚的踪迹，也不过像从未显现过的欧洲旅行一样，像她们提及的印度圣妓的名字一样，只是在两个女孩的对话中断断续续显影。撒玛利亚究竟是什么呢？成为撒玛利亚女孩意味着什么呢？那些经历了女孩身体的男人们成为佛教徒又是什么意思呢？这个传说被安置在她们行为的起初，又模糊地支配了她们行为全部，是否提供着源源不断的安慰，使得她们从这样与天空同样黯淡的行为中感知某种明亮？

艺珍所表达的痛苦早先只是一个引子，使得注意力的重心被移到金英卖身行为上来，金英用一种总是微笑着、仿佛肢体行为对她并未产生任何影响的形象面对艺珍。她们裂解了情绪的复杂性，在分别承担不同的单一情绪的时刻，相互联系起来。

艺珍在每一次事后和金英一起在空荡荡的澡堂里洗涤身体，她所表现出来的几乎不能抑制的痛苦从未唤起金英的感应。痛苦应当是落在金英身上，但对痛觉的触及甚至对痛苦的表现，是艺珍在承担。艺珍的分工对她的伤害更为严重，这意味着所有计划和反省（她不可能对此无动于衷）都落在她身上，这将持续比一场又一场交易更长久的时间。正是时间在其中不停地定位她们，使她们相互疏离，共同的目标对她们的组织能力越来越弱，死亡是偶然插入的必然事件，否则事情难以结束。

这一危险而且不能为人所知的行为必须结束，对于这一点艺珍比金英更为迫切。但是她想不到结束是以这种方式来到的：金英的死终结了她一向以来联络安排的、记录和获取收益的、为之痛苦不已的身体持续存在。行为和想象都失去着落，结束并没有想象那样容易。艺珍要烧毁她们挣来的钱，将这些纸币点燃，又立刻浇水熄灭了火焰。她要把这些钱还给金英，但不是用将其燃烧变为灰烬的方式。艺珍要自己来归还，跟随笔记本里记录下来的那些男人的线索，艺珍开始重复金英的经历。

这不是一次能够回到起初的旅行，在经历金英所经历过的那些男人的时候，"快乐"是被艺珍不断问起的一种感受、一个词语，即使所获得的都是肯定的回答，也无济于事。金英的死不是她们两人行为所欲求的结果，艺珍必然地要寻求某种继续，直到结果出现。金英的死把她弃置在一种孤独的境地里，只有她洞悉金英的死因，但是没有人可以倾诉，这样的无所适从并不比她们出发的状态明晰。那个属于金英的但是始终被艺珍的联络安排支配的身体消失以后，不再有一件持续不断的事情让艺珍从日常的轨迹当中暗暗逃逸了。

艺珍和金英都被看见，而且她们都是被警察看见的。出卖身体的危险性在被看见之后被展开出来。看见金英的警察不断敲门，使得金英选择了跳下窗口。从好几层楼上跳下来的结果是金英死掉了，即使血流如注，她还睁开过眼睛，还安静地指挥艺珍背她离开，还在医院的病床上从艺珍的记录里找出其中一个男人的名字。金英还是死掉了，艺珍没有死，但是并不意味着没有其他人死。她父亲从窗户里看见一个中年男人在酒店床上抱着她，这个警察因此而变成一个愤怒的男人，在以后的日子里不断追踪和亲手惩罚那些来找他女儿的男人。

　　艺珍爸爸对于那群男人的了解比这两个女孩子要多，或者更深入。和金英交易过了，又从艺珍手里拿回钱来的男人，真实的生活部分落入了跟随而来的艺珍爸爸眼里。他追踪其中一个男人，直到男人明白过来他和那两个和他有关系的女孩之间仿佛有什么联系，向他道歉——这样一个男人，一个孩子的父亲，一个女人的丈夫，一个老人的儿子，当他的所有身份同时集聚在自己家里安然的餐桌之上，构成一种没有缺失的完好家庭的时候，艺珍爸爸不期而来，在一无所知的家人面前对这个男人进行责问。被揭发出来的和一个小女孩的交易关系搅乱了餐桌的平静，不知所措的女儿，惊慌失措的母亲，还有歇斯底里地要求艺珍爸爸离开的妻子，凌乱的声音和局面掩盖了这个有过失的男人的表情。

　　艺珍爸爸不久便离开了，混乱也将要结束，正如所有的事情都将要结束。金基德似乎并不关心这样普遍意义上的结束，当艺珍父亲驶出画面之后，他只是以一种非常抽象的手法给出了三个具体的符号：仰视的短焦镜头中那男人从建筑物立面上突出来的脸，一个沉重的重物落地的声响，空荡荡的地面缓缓流淌的血。

身体

　　对性爱的看法，在春去秋来这样夹杂在格式化的寺庙生活中的片段里，其在社会生活中的形态和后果退隐到背后。老和尚从报纸上读到小和尚的案子，看见小和尚回来，又看着他再次被带走。

这个结局让老和尚不需要离开原地就了解到小和尚的结果，给出一个没有变动的参照尺度，再次打压了性爱指涉的想象空间：即使小和尚因为本能反应跟着女人走出寺庙，因为性开始的另一种关系也被性结束。不仅仅以佛教的角度看来是一场空，对性的衍生关系的不信任蔓延到比《撒玛利亚女孩》更远的范围。和性爱伴生的是人性的残忍，有时候具体地抓住人的痛觉，有时候延迟成为性爱的结果。性的活动并不承担个人的个性塑造，也不构成生活幸福的坚实基础。

追随个人身体感觉的小和尚与始终坚守佛门的老和尚构成对比，小和尚逸出佛门，放弃在宗教修行中获得平静的途径，去尝试俗世生活中复杂多变的幸福，在这样两种相互冲突的主张当中，做出了抉择。

对于小和尚来说，后者是一种更容易理解也更容易感知的生活方式，静修所期望获得的信念，经不住俗世贴身而来的对比和引诱。怀疑发生得更早，目睹动物交配所引发的焦虑，是生命周期中特定段落里荷尔蒙水平的反应。

修炼没有赋予小和尚一种肯定性的信念，而教条式的一丝不苟的生活程序也不能约束他。但是外面的经历最后悲剧地收场，他所经历的生活与人际关系在提供满足感方面比不上老和尚身体力行的宗教关系。俗世生活的凶险看起来是无法消除的，有如一场注定的宿命；但是老和尚的生活方式并不具有足够的吸引力使小和尚学习和遵从。

规训和静修的力量经不住冲击，因为一个外来的女人出现，小和尚就主动离开，回到高风险的社会。春去秋来，相同的循环过的时间，这是自然提供的背景，对于老和尚来说，一切都能够回到原地。但是小和尚已经离开轨道，踏入一种无止境向前伸展的线性的时间，再没有可能回来。

两个和尚不同经历的配置并不是一种传统的模式，在他们共处的时刻，老和尚已经不拥有对小和尚的支配权力。他的示范没有强大的效用，似乎还不及山野中动物交配行为令小和尚印象深刻，而且他缺乏对小和尚的权威，无论是来自年纪、修为还是等级。他们同在一种日常生活的不确定性当中，需要对自己的行为各自负责，自我的责任难以依赖和推诿。

老和尚的平静生活现在只保存了参照价值。春去秋来，从小和尚离开到小和尚回来，季节一个接一个消失和再现，老和尚的生活，也正如这春去秋来的世外自然，没有增加也没有减损。他所把持的原点终究显现出了价值，只要小和尚回来，即使作为最终无可选择的过客匆匆经过。

对比老和尚的平静，小和尚身上时时刻刻都隐藏着危险，被诱惑或是被拘捕。老和尚示范小和尚的那些刻板行为，那些外在和内在的对规则的遵守（小和尚永远是从庙里庙外那些形式主义的门里进出，无论这些门是多么突兀，除了作为一个门的象征符号，行使的不是开放而是限定路径的功能），没有复制出类似的平静和安宁；老和尚只字不提的男女欢爱，只要一个女人到来小和尚就无师自通了，而且还跟随女人，远远地离开了寺庙。

传承成为不能，很大程度上因为其中有一个明显的断裂，老和尚的强制消失了，而小和尚的自治尚未建立。小和尚最后的杀人后果显然否认了生理本能的建设性，也否认了性的关系可能开创新的空间。

快感—痛觉

性和死亡的联系在故事中如此明显，无论到来得像女孩的故事那么频繁，还是像和尚的故事里那么有限，至少有这样一种意识的投射，性行为的行进方向，不是生产与再生性质的，而是消解和毁灭性质的。

中间所间隔的是种种道具，比如《漂流欲室》中的鱼钩，将触觉范围的行为扩张到痛觉范围，从快感的对立面建构了金基德常用的一种通行模式。似乎痛觉的位置才是快感的终点，对痛的表情表达淹没了快感中的表情：金基德将两种相互冲突的感觉强制性地叠加在一起，构成对性爱的独特阐释。

肉体就是这样被置于一种特定的位置，有一些外力等待着，也许蓄谋已久，最终要向这个目标冲击而来。金英跳下窗户，脸上血流如注，艺珍把她背走送到医院里，不让楼上的警察尾随而来。金英死的时候满脸笑容，仿佛隐藏着一种秘密的快乐，仿佛她已经知道她将启动以后一连串的死亡，让那些不肯和不愿回应的男人，一个接一个跟随而来。当艺珍去重复金英的行为，她也开始微笑。

她们伤害自己的时候都带着一种痛感游离的宁静表情，仿佛自己的身体是另一个可以为所欲为的客体。那种几乎完全和疼痛无关的宁静表情割裂了她们身体和意识之间的关系，背弃了人在处理自己身体方面必须遵循的生理界线。

痛觉被性的快感收编成为自身的组成部分，其结果使人群，尤其是这些女人成为没有痛感的人群，金基德需要面临召唤其他感觉前来填充删除疼痛之后的空白。极端的爱或者恨，是否更加可能和生命本身以及生命的质量息息相关？否则透过自残将身体置于危险境地就不能成为有效途径。

没有人像她们所听过的那个传说那样和她们睡过觉以后就变成了佛教徒，没有人，那个音乐家甚至连即将到来的死亡都无法启动他的同情心。其他人的结局令人疑窦横生，其中一个男人，她们的顾客之一，艺珍父亲追踪到他家里，当着他的家人提出的质问，似乎强有力地构成一个置之死地的羞辱。艺珍父亲的汽车已经开走；在短焦镜头中男人的脸、重物落地的声响、跌落的小物品、流进画面的血——它们一齐企图为刚才事件中的人指出一种结局，让这种结局轻轻掠过旁观者的眼睛，立刻就被镜头的转换收拾干净了。

这些男人们之间的较量和对峙是一些完全不能进行定性的行为。艺珍爸爸大声喊过的话，他所大声喊出来令对面的男人羞愧难当的道理，飞快地也被转换到镜头和注意力之外。一个又一个死去的人不过是一次又一次以肉体的质量来重复尝试肉体的巨大冲击力。艺珍爸爸的拳头，和经过现代工艺处理过的坚硬地面一样，有能力将肉体中的液体成分挤压出来，那些不断出现的令人触目惊心的血，并不接受肉体的束缚，在不断地一个人接一个人的流失中，相互召唤着、相互汇聚。

血似乎从来未曾使金基德感到焦虑和紧张。金基德在指挥那些血液流动的时候从未为它们规定流向和时刻，那些以不同的形态和不同数量显现的血液，以一种透彻的冰冷，执掌了画面的温度。血液卷走了人群身体的温度，一个接一个卷走了生命，幸存的人群无论是在视觉还是在触觉上，一旦被血液所点染，就难以幸免。

在故事中的两个女孩的生活背景始终都处在沉重黯淡的阴云之下。仿佛来历不明的压力，无处不在地步步紧逼过来，两个女孩子，在其中若无其事地更换衣服，更换身份。

她们不知道自己正在远离一种安然如诗般宁静抒情的生活，这同样是两个和尚最初所拥有的生活面目，而且随着故事进展，未来这两种生活面目都失去了被聚焦式的凝视机会。

当金基德用消除了声音的一段唯美画面，告诉所有关注故事进展的人们这些很快就要遭到破坏的美好的时候，他同时也强调了女孩们对此的惘然无知——她们还是两个孩子。在这个年龄阶段被社会管理程序期待着去支持少女们的天真纯洁等等品质的时候，相似的期待是朝向成人的，她们的纯真需要他们的合作才能得以保全。

"撒玛利亚"成为一个悖论，金英和艺珍方向相反的尝试都不足以显现这种可能。痛苦依然是个人的承担，所以艺珍爸爸才能够用质问和愤怒引发其中某些男人的自责和愧疚；另外一些男人，因为对于事件的无耻态度，只能用最原始的拳头来解决，在某种激烈情绪的导引下，才能稍稍减去心中的愤怒。

艺珍爸爸进行的报复愈演愈烈，终究要被惩罚。他带着女儿出去旅行，重温往日，意外的事件打断了他们看似无聊的生活，在无法保全的时刻，这些往日时光在追忆中呈现出幸福色调。艺珍父亲要召唤警察到来，但是艺珍在座位上睡着了，在梦境中，父亲把她杀死，埋葬，最后不忘记将 CD 打开，将耳机塞进她的耳朵。

从来没有和父亲讨论过这些事情，而梦境就是艺珍唯——次与父亲的照面，想象她的父亲将如何对待她自己。他爱自己的女儿，即使她已经成为雏妓，这不仅仅令他痛心疾首，还毁灭了他的生活。更为广泛的文化隐喻隐藏在父亲身后，他的爱恨交织，犹如生活本身一样复杂：唯一的女儿，上一代的生活没有也不愿意再加以复制。

父亲成就了一个宽容的文化传统形象，他是如此体贴、如此宠爱这唯一的孩子，如果爱可以提供现实生活的依凭，那么父亲已经提供了他所能够做的极致。当他洞悉她所有行为完全背离他的希望和情感的时候，他也未曾企图废止他们之间的关系。父亲所做的事情是杀死一个男人，他要艺珍忘记不愉快的事情，在将艺珍的遭遇归咎于男人堕落的时刻，父亲以复仇意图明显的暴力，以自我的加入，消解了对艺珍的追问，保全了她的清白。

而时间所剩无几，因为父亲召来了警察。艺珍爸爸在空地上教艺珍开起车来，很快艺珍就学会了。警察在艺珍睡着的时候带走了艺珍爸爸,醒过来之后,艺珍已经独自一人坐在车里,空旷的山野,河边的平地,艺珍前后移动着汽车,在地上碾出一条不太顺畅的路线——现在,她只有这匆匆学会的操作一辆机动车的技术,还没有得到许可,独自一人,追不上远去的警车,再一次落在孤零零的境地当中。

图书在版编目（CIP）数据

传媒与广告的文化意象 / 刘宏著 . —— 北京：华夏出版社有限公司，2019.10
ISBN 978-7-5080-9851-7

Ⅰ. ①传… Ⅱ. ①刘… Ⅲ. ①传播媒介 – 应用 – 广告文化 – 研究 Ⅳ. ①F713.80

中国版本图书馆 CIP 数据核字 (2019) 第 196156 号

传媒与广告的文化意象

作　　者	刘　宏
责任编辑	赵　楠
美术设计	殷丽云

出版发行	华夏出版社有限公司
经　　销	新华书店
印　　装	三河市少明印务有限公司
版　　次	2019 年 10 月北京第 1 版 2019 年 10 月北京第 1 次印刷
开　　本	880×1230　1/32
印　　张	6.625
字　　数	151 千字
定　　价	68.00 元

华夏出版社有限公司　网址：www.hxph.com.cn　地址：北京市东直门外香河园北里 4 号　邮编：100028
若发现本版图书有印装质量问题，请与我社营销中心联系调换。电话：（010）64663331（转）